Albrecht Weber

Rette das Ziel!
      Triff daneben! *Stanislaw Lec*

D1675176

Albrecht Weber

Rette das Ziel!
Triff daneben!

Stanislaw Lec

Aphoristik und Aphorismen

Königshausen & Neumann

Bibliografische Information der Deutschen Nationalbibliothek

Die Deutsche Nationalbibliothek verzeichnet diese Publikation in der Deutschen
Nationalbibliografie; detaillierte bibliografische Daten sind im Internet
über http://dnb.d-nb.de abrufbar.

© Verlag Königshausen & Neumann GmbH, Würzburg 2011
Gedruckt auf säurefreiem, alterungsbeständigem Papier
Umschlag: skh-softics / coverart
Bindung: Zinn – Die Buchbinder GmbH, Kleinlüder
Alle Rechte vorbehalten
Dieses Werk, einschließlich aller seiner Teile, ist urheberrechtlich geschützt.
Jede Verwertung außerhalb der engen Grenzen des Urheberrechtsgesetzes ist
ohne Zustimmung des Verlages unzulässig und strafbar. Das gilt insbesondere
für Vervielfältigungen, Übersetzungen, Mikroverfilmungen und die Einspeicherung
und Verarbeitung in elektronischen Systemen.
Printed in Germany
ISBN 978-3-8260-4766-4
www.koenigshausen-neumann.de
www.buchhandel.de
www.buchkatalog.de

Inhalt

Er: Niemand hat bewiesen, dass es IHN gibt.
Ich: Niemand hat bewiesen, dass es IHN nicht gibt.
Er: Patt.

Knights Key (Florida), 01.01.1970

Worte davor

Kein Leben scheint voll-endet. Vielleicht das eines Heiligen. Sonst endet Leben, hört auf, bleibt Fragment. Goethe bezeichnete seine Lebenserinnerungen als „Bruchstücke". Selbst vielbändige Gesamtwerke sind, *sub specie aeternitatis* aber auch *sub specie historiae*, Fragmente.

Dem Alter wird das Fragmentarische bewusst. Einem Alter, das sich bescheidet, entsprechen Aphorismen als Ausdruck und Gedanken über Aphorismen. Die kommen und gehen, aufgenommen und festgehalten oder verloren und vergessen. Tausende und Abertausende von Aphorismen verzeichnet die Literatur. Und kennt nicht die Verluste, die unbekannten Aphorismen, unnotiert, unediert, unübersetzt. Man nutzt Anthologien als dankenswerte Notbehelfe und dankt den Herausgebern für sorgsame, belegte Auswahlen.

Nicht um Einzelprofile von Aphoristikern geht es hier, nicht um Aphoristik von Epochen oder Kulturen, vielmehr um Rufe und Zurufe über Zeiten hinweg. Der Autor wagt sich in die Dialoge einzublenden mit Texten, die nicht zu unterdrücken waren.

Auch diesmal haben Frau Birgit und Herr Dr. Klaus Metzger das Zustandekommen des Buches ermöglicht. Wieder herzlichen Dank!

Augsburg, im Herbst 2011   Albrecht Weber

9

Aphorismen

Stichworte

Was sind denn diese Rufe, Geistesblitze, Hirnzuckungen, die man Aphorismen nennt? Wir türmen Stichworte auf, um das Sprachfeld abzustecken. Wir geben Stichworte, und fragen, ob sie treffen.

Aphorismen sind
Vorbeben, Nachbeben, Nachschläge, Nachlesen, Fundstücke;
dynamisierte Sprichwörter, Anrufe, Kernsätze, Wortspiele, Denksätze, Schlagsätze, Akkorde, Gedankenpfeiler; Schnipsel, Zettel, Knoten, Fetzen, Spritzer, Flecken, Reste, Scherben, Splitter, Späne, Schrott, Kleckse, Schutt, Abfall;
Zündschnüre, Sprengsätze, Satzgranaten, Leuchtkugeln, Fußangeln, Minen, Querschüsse, Querschläger, Lunten, Knallkörper, Schrapnelle, Sprengsel; Überfälle, Spähtrupps, Fadenkreuze, Echolote, Tiefenlote, Landepunkte,
Marken, Blinklichter,. Streichhölzer, Funken, Blitzlichter; Wetterleuchten, Blitze, Kristalle,
Meteore, Blätter, Staub, Körner, Samen, Diamanten, Kiesel, Perlen, Mosaiksteine.
U.s.w. ...

Man kann zwingender ordnen, auch noch weitere Metaphern anhäufen. Mit jeder verbinden sich Assoziationen. Worte wie Diamanten, Perlen oder Mosaiksteine lösen sogleich Vorstellungen und Erwartungen von geschliffenem Schmuck, von Ketten oder Mosaikbildern aus. Das isolierte Einzelne drängt in Zusammenhänge, und vielleicht können Aphorismen als verstreute Bruchstücke eines geheimen Weltdialogs verstanden werden.

Jedenfalls bieten sich die meisten Bilder und Metaphern nicht aus dem sprachlich-literarischen Bereich an, vielmehr aus dem handwerklich-technischen und insbesondere dem kriegstechnischen Feld. Das könnte besagen, dass in der Aphoristik gespannte logische Schärfe dominiert, und dass Gefühlspotenzen der Sprache (wie Anklänge, Reime, Rhythmen, Verse und Strophen) zurücktreten. Aber auch das akzentuiert Logische tastet aus dem Wesen von Sprache als Mittel der Kommunikation nach Widerhall, Echo und Analogie. Isolierung kann nicht das letzte Wort der Aphorismen sein, vielmehr lassen sie aus Einzelstrichen, Endpunkten Porträts von Autoren, Epochen, Kulturen durchscheinen oder doch ahnen. Niemand entflieht seinem Ich und seiner Zeit. Sie bedingt ihn, und er drückt sie aus. So ließe sich wohl das Wort des alten Moltke, dass „Strategie, ein System von Aushilfen" sei, aufgreifen. Wie dort die „Aushilfen" Systematisierung ersetzen und eine dynamische „Strategie" fordern, so sind Aphorismen Fälle, die auf den vielfältigen Fall Mensch zeigen, und jeweils der Fall schon sind.

Antisysteme

Der vordergründige Charakter von „Aushilfen", von Statements von Fall zu Fall, schließt Systematisierung aus. Die Denker philosophischer Systeme oder durchgestalteter Literaturwerke sind selten Aphoristiker gewesen: Platon so wenig wie Augustinus oder Thomas von Aquin, und Dante so wenig wie Leibniz, Kant, Hegel, Marx, Freud oder Heidegger, ja Schopenhauer und Kierkegaard, auch wenn diese Aphorismen schrieben, teils aber eher erklärende Kurzessays. Für sie alle dominierte der Zusammenhang eines Weltbildes, auch wenn dieses sich pessimistisch gab. Architekten des Geistes, hatten sie Zeit, was sagt: Sie nahmen sich Zeit. Aphoristiker aber haben keine Zeit.

Die Antisystematik wird von Aphoristikern bisweilen artikuliert, ohne dass dies zum Hauptthema erhoben würde. Novalis bereits spricht es entschieden aus.

> Je bornierter ein System, desto mehr wird es den Weltklugen gefallen. So hat das System der Materialisten, die Lehre des Helvetius und auch Locke den meisten Beifall unter dieser Klasse erhalten. So wird Kant jetzt noch immer mehr Anhänger als Fichte finden.
> Novalis (II 285)

Jean Paul sekundiert sogleich und bestätigt das Aphoristische als etwas Romantisches, das klassische Klarheit (und Statik) verflüssigt.

> In das System das er sich gebauet, hat er sich nicht einquartiert, sondern eingemauert.
> Jean Paul (WL 2009, 73)

Aphoristik auf Romantik festzulegen, würde sie verfehlen. Das Unsystematische artikuliert sich in den folgenden Reihen immer deutlicher.

> Das Fragment umfasst mehr als das System.
> Gómez Dávila (WL 2009, 204)

> Dass alle Systeme mit Lügen enden, darüber besteht kein Zweifel. Das Gegenteil wäre unmöglich und nicht natürlich.
> Was ihre Anfänge betrifft, so lässt sich über die Aufrichtigkeit streiten.
> Valéry (WL 2009, 143)

Der Zweifel an Systemen geht von deren Grundansatz aus, einer Annahme, und fürchtet die Zwangshaftigkeit logischer Konsequenzen, deren Schlussfolgerungen man nicht bejahen kann. Aphorismen sollen sich darüber hinwegsetzen, um Unwahrhaftes blitzartig zu entlarven.

> Ein Aphorismus braucht nicht wahr zu sein, aber er soll die Wahrheit überflügeln. Er muss mit einem Satz über sie hinauskommen.
> Kraus (WL 2004, 147)

Nietzsche ist Wortführer dieser Antisystematiker. In „Jenseits von Gut und Böse", in „Menschliches, Allzumenschliches" und in „Götzendämmerung" betont er – abgesehen davon, dass auch „Also sprach Zarathustra" aphoristischen Charakter hat, woraus sich einzelne Aphorismen wie „Gelobt sei, was hart macht" isolieren lassen – betont er also den unsystematischen Einfall als „Salz" des Geistes.

Der Einwand, der Seitensprung, das fröhliche Misstrauen, die Spottlust sind Anzeichen der Gesundheit: Alles Unbedingte gehört in die Pathologie.
Nietzsche (DA ²1994, 159)

Die Antithese ist die enge Pforte, durch welche sich am liebsten der Irrtum zur Wahrheit schleicht.
Nietzsche (Menschl. 163)

Ich misstraue allen Systematikern und gehe ihnen aus dem Weg. Der Wille zum System ist ein Mangel an Rechtschaffenheit.
Nietzsche (DA ²1994, 160)

Lob der Sentenz. Eine gute Sentenz ist zu hart für den Zahn der Zeit und wird von allen Jahrtausenden nicht aufgezehrt, obwohl sie zu jeder Zeit zur Nahrung dient: Dadurch ist sie das große Paradoxon in der Literatur, das Unvergängliche inmitten des Wechselnden, die Speise, welche immer geschätzt bleibt, wie das Salz, und niemals, wie selbst dieses, dumm wird.
Nietzsche (WL 2009, 116)

Jüngere stimmen ein:

Alles System ist wie die Quadratur des Zirkels – im praktischen durchführbar, im geistigen undurchführbar.
Schröder (DA 2010, 141)

Was in der Philosophie nicht Fragment ist, ist Betrug.
Gómez Dávila (WL 2009, 208)

Er entwickelt kein System, sondern geht durch Systeme hindurch bis ans verriegelte Tor.
E. Jünger (DA 2010, 135)

Aphoristiker sind keine Systematiker. Sie nehmen sich keine Zeit, weil sie Systeme ablehnen oder aber weil ihnen Zeit nicht gegönnt ist. Denken arbeitet in ihnen. Um Kurzschlüsse auszulösen, schließen sie Gedanken kurz, wie Enden von Kabeln. Sie verfahren dabei aktiv und schöpferisch, nicht etwa unfruchtbar und steril, wie man von griech. *a-phoros* (lat. *a-fero*) ableiten könnte und wie sie der fast mythische Arzt Hippokrates (im 5. Jahrhundert vor Christus), auf den man den Typus des Aphorismus zurückführt, zu Kranken und ihren Zuständen geäußert haben soll.

Auch die Schule der Stoa entspross griechischem Denken, eine Haltung, wie sie der Zyniker Diogenes vor dem großen Alexander zeigte. *Graecia magna*, das heutige Unteritalien, war griechisch geprägt, und Roms Oberschicht sprach griechisch. Zugleich lebten diese Römer in einem Imperium, das ihnen Macht und Reichtum gab, Pflichten und Entbehrungen auferlegte. Deutlich wird dies bei Seneca, der Staatsmann war und Neros Erzieher wurde, und der seine Tugendlehre der Gelassenheit in Briefformen kleidete, aus denen sich Aphorismen destillieren lassen. Noch deutlicher zeigt es sich bei Mark Aurel (im 2. Jahrhundert) auf der Höhe römischer Macht, die dem Imperator unaufhörliche Kämpfe abforderte, so dass viele der „Selbstbetrachtungen" im Feldlager niedergeschrieben wurden.

Lichtenberg, der deutsche Aphoristiker, beispielsweise, entzog sich wegen seiner Missgestalt weitgehend der Öffentlichkeit, die er als Außenseiter scharf beobachtete, und lebte seiner Göttinger Professur als Naturforscher und Mathematiker. Die „Sudelbücher" kamen erst nach seinem Tod zum Vorschein.

Anders Novalis, der, todkrank, sich noch in Aphorismen, die er „Blütenstaub" betitelte, verausgabte, wieder anders die Ebner-Eschenbach, die, als Frau im männerdominierten 19. Jahrhundert, die Waffe der Feder literarisch und aphoristisch einsetzte.

Aphorismen blitzen wie Blinkfeuer über Zeiten hinweg einander zu:

> Die großen Aphoristiker lesen sich so, als ob sie alle einander gut gekannt hätten.
> Canetti (WL 2009, 44)

Geballte Kürze

Aphorismen sind kurz. Aphoristiker denken über sich selbst und ihr Metier nach und fassen sich kurz. So entstehen, wie in Spiegeln, Reihen von Aphorismen über den Aphorismus. Die Spiegelungen setzen in Deutschland ein mit der ausebbenden Aufklärung (bei Lichtenberg) und den re-flektierenden Romantikern (wie Novalis, Jean Paul oder Friedrich Schlegel). Die sich im 19. Jahrhundert entfaltende Literaturwissenschaft konnte das Spezifische dieser Form immer weniger ignorieren; Autoren, vor allem des 20. Jahrhunderts, behaupten sich und die Form, indem sie aphoristisch ihr Tun fixieren, quasi als Kurzplädoyers für literarisches Eigenrecht.

Lichtenberg, der Naturwissenschaftler, begab sich nicht unter den Zwang der Selbstbehauptung; die „Sudelbücher" erschienen nicht zu Lebzeiten. Seine Notate nannte er „Sägespäne meiner Divisionen" (I 927), „Milchstraße von Einfällen" (DA ²1994, 300) und „Flick-Sentenzen" (II 591).

Friedrich Schlegel erinnert an Novalis` „Blütenstaub", indem er von „Schnitthandel oder Feinstaub" (DA ²1994, 301) spricht. Und Jean Paul, der ausschweifend plaudernde Erzähler, durchschaut offensichtlich sich selbst, wenn er konstatiert: „Sprachkürze gibt Denkweite" (DA ²1994, 310): durch Kontrastierung von Sprache und Denken und zugleich von Kürze und Weite geradezu ein prototypischer Aphorismus. Diese Denkkonzentration unterstreicht auch die Ebner-Eschenbach: „Ein Aphorismus ist der letzte Ring einer langen Gedankenkette." (WL 2009, 102) Am Ende des 19. Jahrhunderts ist der Terminus auf dem literarischen Markt.

Hier, an der Denkendstation sozusagen, findet sich Zustimmung.

> Der Aphorismus ist das vorletzte Glied einer Gedankenkette, deren letztes das Paradoxon ist.
> Nowaczynski (WL 2009, 159)

Jeder Aphorismus ist das Amen einer Erfahrung.

Kudszus (DA 2010, 201)

Der längste Atem gehört zum Aphorismus.

Kraus (DA² 1994, 302)

Einer, der Aphorismen schreiben kann, sollte sich nicht in Aufsätzen zersplittern.

Kraus (WL 2009, 149)

Im Gegentakt bricht von der Gedankenballung her Denken auf.

Aphorismen regen den Verfasser zum Denken an.

Wiesner (DA ²1994, 304)

Aphorismen schreiben sollte nur einer, der große Zusammenhänge vor sich sieht.

Musil (DA 2010, 145)

Die Urknall-Metapher würde das Sprachwerk in kosmosähnliche Dimensionen rücken.

Der echte Aphorismus trifft ins Zentrum und strahlt von dort aus.

Kessel (DA² 1994, 303)

Der Aphorismus ist ein Sektor, der den Kreis ahnen lässt.

Wiesner (DA² 1994, 304)

Ein Aphorismus könnte der Ur- oder Endknall eines (ungeschriebenen) Werkes sein.

A. W. 09.11.2010

Einen Aphorismus kann man in keine Schreibmaschine diktieren. Er würde zu lange dauern.

Kraus (DA ²1994, 302)

Ein Aphorismus trifft den Kern, öffnet Dimensionen, ohne Breite und Länge des Gedankens einzuzäunen. Er definiert nicht. Er perfektioniert nicht. Er polemisiert nicht. Er hellt auf, um zu zeigen. Je heller er aufblitzt, um so dunkler die Umwelt. Canetti sagt lapidar: „Aphorismen sind aus geschmolzenem Schweigen" (WL 2009, 183). Schröder variiert:

> Der Schreiber von Aphorismen ist immer etwas hinterhältig; denn im Wesen der Sentenz beruht es, dass ihr Verschwiegenes ebenso viel Gewicht hat wie ihr Ausgesprochenes.
> Schröder (DA 2010, 140)

Es sollen Systeme nicht repetiert und zementiert, vielmehr aufgebrochen und geöffnet werden, wie Fenster, um Licht einzulassen und Leben punktuell zu erneuern.

> Aphoristisch denken ist der Versuch, der Unvollkommenheit gedanklicher Perfektion zu entgehen.
> Kasper (DA 2010, 235)

Gerade der Aphorismus soll Standpunkte fixieren, soll Perspektiven auftun. Und die bedeuten alles andere als Abfälle, Reste oder Unrat.

> Den Aphorismus kultivieren nur diejenigen, die das Bangen *inmitten* der Worte kennengelernt haben, jenes Bangen, mit *allen Worten* einzustürzen.
> Cioran (WL 2009, 192)

Aphorismen ballen sich wie zum Startschuss, der die Bahn freigibt. „Der Gedanke ist nicht zu Hause, sondern auf dem Sprung" (Arntzen, DA² 1994, 304), oder schon der „Gedankensplitter, der ins Auge geht" (Laub, DA 2010, 252) Seine Schubkraft wird zwischen „Höhe" und „Spitze" in Spannung gesetzt.

> Der Aphoristiker ist auf der Höhe, wenn er die Dinge auf die Spitze treibt.
> Brie (DA 2010, 289)

Und dann „bricht in der Pointe die Sprache der Wahrheit die Spitze ab" (Werfel, DA 2010, 173).

Man spricht vom „Paradoxon", das den „Gedanken" des Affekts fasst (Hauptmann, DA 2010, 114), ja von „Paradeparadoxa" (Benyoëtz, Be 2009, 81), von „Freispruch der Gedanken, ohne sie zu verfolgen" (Benyoëtz, ebd. 264), setzt „das Unhaltbare" in „sein Gleichgewicht" (ders. ebd. 267), es wird nach der Qualität der „Kürze" gewertet.

> Ein guter Aphorismus ist von erschöpfender, ein schlechter von ermüdender Kürze.
> Benyoëtz (DA 2010, 266)

Wir bewegen uns offensichtlich im Paradoxen, das vereinfacht scheint, wenn die Qualität daran festgemacht wird, dass „nichts Neues nur neu" gesagt wird.

> Der gute Aphorismus ... sagt ... nichts Neues. Er sagt es nur neu.
> Schnurre (DA 2010, 239)

Gewiss: Altes überraschend neu zu sagen, gehört zu den Kriterien.

Macharten

Ob der Aphorismus fertig formuliert einfällt oder noch zugeschliffen wird, ist nicht entscheidend. Je präziser, umso mehr Schliff. Schliff der Sprache, die aus dem Material des Alltäglichen das Un-Erhörte herausmeiseln soll. Die Semantik wird bis in den Buchstaben ausgereizt.

Der Hauptgedanke des Grundgesetzes der Bundesrepublik Deutschland, mit dem die Paraphierung einsetzt, lautet:

> Die Würde des Menschen ist unantastbar.

Die Umkehrung zum Aphorismus dagegen:

> Die Bürde des Menschen ist unantastbar.
>
> Brie (DA 2010, 290)

Was ist geschehen? Der Satz ist unverändert, lediglich der Anfangsbuchstabe des Haupt-Wortes durch das lautnahe B ersetzt, damit aber der Sinn des Satzes gegengepolt. Das aus Natur gute und mit Menschenrechten unverlierbar begabte Wesen ist realiter ein Homo als soziales politisches, arbeitendes, pflichtbelastetes, unfreies Wesen geworden, bedrückt vom Alltag und begrenzt vom Tod. Ein einziger Buchstabe sozusagen trifft den Kern des Grundgesetzes und ent-deckt dessen idealistische Grundannahme.

Ein einzelner Buchstabe, zugesetzt, verändert auch ein Sprichwort –

> Wer andern keine Grube gräbt, fällt selbst hinein.
>
> Kraus (DA ²1994, 217)

– was doch soviel meint, dass der, der nicht intrigiert oder unterminiert, der Dumme ist.

Oder die geläufige Redewendung vom verdienten, andernfalls unverdienten Glück reizt zur Feststellung, dass man Glück nicht verdienen kann, was die Spannung von <u>das</u> Verdienst und <u>der </u>Verdienst andeutet. Auch Singular und Plural eines Wortes lassen sich gegeneinander ausspielen.

> Dubiose Tugend aller Revolutionäre: So viel Gefühl für die Menschen, dass keines mehr bleibt für den Menschen.
>
> Kasper (DA ²1994, 290)

Dass Buchstabenspiele derart den Sinn verändern, kommt selten vor. Öfter dagegen kontrastierende Wortspiele, die sich anbieten, zum Beispiel:

> Ehrgeiz ist auch Geiz.　　　　　A. W. 20.6.2008
> Lehrer sind unbelehrbar　　　　A. W. 15.6.2009

Sprache folgt den Doppeldeutigkeiten des Denkens, schafft sie geradezu aufgrund der Unschärfen der Wortsinne. Auch hier erweist sich Wittgensteins Erkenntnis, dass die jeweilige Wortbedeutung erst durch die Stellung des Wortes im Satz eindeutiger bestimmt wird. Augenscheinlich zeigt dies der Aphorismus

> Lerne klagen, ohne zu leiden.

Die Sentenz wäre unverständlich ohne den Bezug auf die Maxime Kaiser Friedrichs III., der (1888) nach langem Leiden todkrank den Thron für ein paar Monate bestieg:

> Lerne leiden, ohne zu klagen.

Er sprach sich dies selber zu, ein Trostwort für Unheilbare, fast schon Sprichwort mit heroischem Schimmer für Zeitgenossen im 19. Jahrhundert, wodurch das Pseudoheroische der Zeit entkleidet wird. Verkehrt man, wie oben, die Infinitive, entsteht ein Aphorismus, der die Wehleidigkeit und Larmoyanz unserer eigenen, vielfach gewalttätigen Gegenwart entlarvt.

Moltkes „Mehr sein als scheinen!" trifft aus treuer, redlicher, schlichter Pflichterfüllung den überheblichen großsprecherischen Wilhelminismus. Es scheint nicht nur in jene Zeit gesprochen.

Der Aphorismus „Lerne klagen, ohne zu leiden" übt Zeitkritik und erinnert an würdevolle Haltung in der *conditio humana*. Zeitgenossen rufen das in die Spaß- und Wellnessgesellschaft.

> Der Verstand wird in der Schule des Leidens ausgebildet.
> Moser (DA 2010, 147)

> Es gibt Leiden ohne Höherkommen, aber nicht Höherkommen ohne Leiden.
> Brock (DA 2010, 168)

In ähnlicher Weise wie „Lerne leiden …" zu „Lerne klagen …" wird auch das Wort des „Herrn" –

> Es irrt der Mensch, solange er strebt
>
> (Faust 317)

– hinübergespiegelt auf das Wesen des Menschen schlechthin:

> Es lebt der Mensch, solang er irrt.
> Hille (DA 2010, 102)

Ähnlich kehrt Lichtenberg Senecas zementiertes Wort „Non scolae sed vitae discimus" um in

> Non vitae sed scolae discimus, ein herrlicher Spruch des Seneca, der auf unsere Zeiten passt. Lichtenberg (I 552)

Heine nimmt die lateinische *pietas* wörtlich:

> De mortuis nil nisi bene – man soll von den Lebenden nur Böses reden.
> Heine (DA ²1994, 112)

Und Lichtenberg wiederum kehrt des Descartes „Cogito ergo sum", den Grund-Satz der Aufklärung, einfach um, mit der Konsequenz, dass der Nicht-Denker, der Nicht-Philosoph, keine Existenzberechtigung hätte.

> Non cogitant, ergo non sunt. Lichtenberg (I 708)

Allerdings: aus „cogito" und „sum" werden „cogitant und „sunt", also: Sie, die Vielen, denken nicht und haben darum kein Sein: doppelte Verneinung.

Ebenso wirksam treffen das Weglassen der Negation, der Platztausch von „erhöhet" und „erniedrigt" oder der Kontrast von Verb und Substantiv.

> Herr, vergib ihnen, denn sie wissen, was sie tun!
> Kraus (DA ²1994, 221)

> Lukas 18, 14 verbessert. – Wer sich selbst erniedrigt, will erhöht werden.
> Nietzsche (KSA 87)

> Da gnade Gott denen von Gottes Gnaden.
> Lichtenberg (I 772)

Sprichwörter, in Frage gestellt

Dass man Redewendungen und Sprichwörter, die möglicherweise sich aus Aphorismen verfestigt und Allgemeingebrauch gewonnen haben, auch re-aphorisieren kann, wurde schon angeschnitten. Die Verfestigungen reizen, durch Auflösung und Kontrastierung Gegensinn zu erzeugen und Denkfixate zu verflüssigen. Ebendas schon wirkt unerhört neu, weil es mit eingeschliffenen Denk-Sprachgewohnheiten bricht.

Immer wieder geht es um Menschlichkeit, um praktizierte *humanitas*. Das Sprichwort, dem Menschen sei „nichts Menschliches fremd" – eine Tautologie – erhält im Aphorismus Überschärfe, wozu die Vorsilbe un- genügt.

> Nichts Unmenschliches ist dem Menschen fremd.
> Schaukal (DA 2010, 140)

Über Glück, ob Zufall oder Erfolg, denkt man seit Menschengedenken. Nach Marc Aurel „kann jeder seines Glückes Schmied werden" (Selbstbetrachtungen, 155), nach Moltke hat „Glück auf die Dauer nur der Tüchtige". Beide waren Feldherrn und durften Glück nicht als blinden Zufall strategisch einkalkulieren. Die Glückshypothese lässt sich auch negativ ausspielen, in unterschiedlichen Varianten, dass jeder seines Glückes – und Unglückes Schmied sei, oder: dass das Unglück – immer die anderen schmieden.

Die Macharten von Aphorismen mittels Weglassen der zweiten Negation, der Kontrapunktik von Koch und Arzt, des unkontrollierten Lachens, brauchen nicht weiter kommentiert zu werden.

> Was der Bauer nicht frisst, das kennt er.
> Cybinski (DA 2010, 291)

> Hunger ist nicht nur der beste Koch, sondern auch der beste Arzt.
> Altenberg (DA 2010, 106)

> Wer zuletzt lacht, weiß oft nicht mehr, warum.
>
> Schaukal (DA 2010, 139)

Ausgespielt wird das Gegeneinander von „überall" und „nirgends", von der Wirkungslosigkeit des „Propheten" in seiner Umgebung, von dem Ausfall verschiedener Körperorgane, vom Gerede, das nicht von Herzen geht.

> Wer überall wohnt, Maximus, wohnt nirgendwo.
>
> Martial (Ott 33)

> Nicht jeder, der in seinem Vaterlande nichts gilt, ist ein Prophet.
>
> Mohr (DA 2010, 88)

> Wie geht's, sagte ein Blinder zu einem Lahmen.
>
> Lichtenberg (I 429)

> Wovon das Herz *nicht* voll ist, davon geht der Mund über, habe ich öfter wahr gefunden, als den entgegengesetzten Satz.
>
> Lichtenberg (II 143)

Und noch ein paar Beispiele zur Verdeutlichung.

> Man hat die Wahl/die man trifft.   Benyoëtz (DA 2010, 268)

> Der Gescheitere gibt nach! Eine traurige Wahrheit; sie begründet die Weltherrschaft der Dummheit.   Ebner-Eschenbach (IX 9)

> Einem geschenkten Gaul schaut man nicht ins Maul.
> Ein geschenktes Buch – liest man nicht.   A. W. 7.4.2008

> Man braucht viel Geduld, ehe man Geduld mit sich hat.
>
> Schnurre (DA 2010, 238)

Genug der Exempla.

Aus der Sprache und mittels der Sprache gewinnen Gedanken unerwartet und unerhört aphoristisches Neuland.

Einordnungen

Der öffnende Zugriff der Aphorismen auf Sprichwörter ist deutlicher geworden. Es ist der Zugriff von *Energeia* auf gewohnte *Erga*. Diese, aus dem Augenblick und der einmaligen Situation verallgemeinert, scheinbar verfügbar für jederlei Gelegenheit, darum formelhaft und abgegriffen und repetiert, werden aus Denkersparnissen zu Denkhindernissen; Binsenweisheiten dienen als Kleingeld des Umgangs.

Trotz mancher Pointen sind Aphorismen keine Witze. Denn die sind situationsbedingt und -gebunden, was der gute Witzerzähler mit wenigen Strichen suggerieren muss. Der Witz ist punktuell, beabsichtigt Explosionen des Gelächters, nachdem sich die Spannung zum Platzen gesteigert und im Ausbruch des Lachens rasch abreagiert hat. Witze sind nicht auf Denken und Nachdenken gerichtet. Sie befreien jäh aus Zwängen des Augenblicks, erhellen wie Feuerwerke und erlöschen ebenso jäh. So entladen sie Aggressionen.

Friedrich Schlegel, der Romantiker, hat den (romantischen) Witz gekennzeichnet:

Witz ist eine Explosion von gebundenem Geist.

Fr. Schlegel (DA 2010, 53)

Witz ist die Erscheinung, der äußere Blitz der Phantasie. Daher seine Göttlichkeit, und das Witzähnliche der Mystik.

Fr. Schlegel (Simm 2008, 76)

Geistes-Explosionen oder Phantasie-Blitze sind Aphorismen nicht.

Spottlust mag als Witz hochschießen, nicht aber Humor, Skepsis oder Ironie. Die kommen von innen und gehen nach innen, wollen lange, immer wieder, ausgetragen werden. Und eben das vermögen Aphorismen zu stiften. Satiren versperren dies durch Bitternis eher, während Rätsel nach der Lösung an Interesse einbüßen oder als unlösbar verdrängt und vergessen werden.

Maximen schreiben imperativisch ein Sollen vor, Epigramme geben wie marmorne Statements sich zeitlos, Xenien und Sinngedichte vermögen sich dem Aphoristischen zu nähern, formulieren aber gültig Gedachtes und binden sich durch Formen (Distichen, Reime und Metren). Bleibt die Spruchdichtung des germanischen und frühen Mittelalters, die in stabreimenden Statements oft in Konflikt oder Spannung zur gebundenen lateinisch-christlichen Literatur stand.

Die aufkommende Literaturwissenschaft rubrifizierte Aphorismen zusammen mit anderen Kurzformen meist unter „kleine Formen", deren Erschließung neben den großen Formen und Stoffen der Epik und Dramatik wie der immer bewegenden Lyrik zurücktrat und zurücktritt.

Selbst das zwanzigbändige „Meyers Konversations-Lexikon" wusste noch 1893 (5. Auflage) zum Stichwort Aphorismus lediglich zu sagen:

(griech.) abgerissene, untereinander nicht in unmittelbarem Zusammenhang stehende Sätze, welche allgemein menschliche Wahrheiten enthalten. Aphoristische Schreibweise, eine prägnante, abgebrochene, der stilistischen Verbindung ermangelnde Ausdrucksweise. (I 715)

Der Lexikonartikel erfasst den Aphorismus nicht; es verwundert kaum, weil sich in der Öffentlichkeit kein Bewusstsein dafür gebildet hatte und bilden konnte.

Ein halbes Jahrhundert später punktet der „Kleine Brockhaus" immerhin:

kurzgefasster, bedeutungsvoller Satz, Gedankensplitter, Sinnspruch, verbreitete Gattung der Weltliteratur. (1949, 50)

Selbst die wenigen Stichworte verdeutlichen den Gegenstand. Überraschend aber doch, dass der Aphorismus nun zu einer „verbreiteten Gattung der Weltliteratur" erhoben wird.

In der zweiten Jahrhunderthälfte werden Aphorismen zur „Gattung" profiliert. Das bedeutet Begrifflichkeit, Definierbarkeit, Geregeltheit, Wiederholbarkeit. Wenn wir ausgegangen sind von einem Schutthaufen von Bezeichnungen, die sich mühsam ordneten, dann de-finiert Wissenschaft, sie grenzt ab, regelt, verbegrifflicht, liniert sozusagen Machbarkeit. Und opfert das unfassbar Spontane, ähnlich wie sie mit Lyrik umgeht.

Neumann sammelte Aufsätze zum Aphorismus (1976), Fricke widmete ihm ein Bändchen (1984). Nachworte in neueren Anthologien (Fieguth 1978, ²1994); Spicker 1999, ²2009; 2009; 2010) nehmen die Ergebnisse auf und entwickeln sie vor Ort weiter.

> ... eigenständige und komplizierte Gattungsform ... widersprüchliche Strukturen ... Gegensätze von sprachlicher Kürze und gedanklich-ideenhafter Weite, von strenger Form und flüchtiger Notiz, von betont subjektiver Grundhaltung und Anspruch auf Allgemeingültigkeit, von einschränkender und verallgemeinerter Struktur, von ursprünglich wissenschaftlichem Lehrsatz und systemfreiem Einzelsatz, von Bindung an das Gesellschaftliche und einsamer Selbstaussprache.
>
> Fieguth (1978, ²1994, 352)

Nach den bisher entfalteten Einsichten können wir den „Strukturen", die nicht gezeigt sind, so wenig folgen wie einem „Gegensatz" von Sprachkürze und Gedankenweite, Formstrenge und Notiz, Subjektivität und „Allgemeingültigkeit", Gesellschaftsbindung und „Selbstaussprache", die durch Veröffentlichung Einsamkeit aufgibt. Und gerade das „Ich als Konflikt" (ebd. 354) setzt sich in kritischen Konflikt zur Gesellschaft. Dagegen lässt sich an der Behauptung der „grundsätzlich subjektiven aphoristischen Existenz" (ebd. 374) festhalten, wenn Sprache zumindest als intersubjektiv angenommen wird. Dem behaupteten „Widerspruchscharakter", dem einer „Stimulanz ... Aufforderung ...Unabgeschlossenheit" (ebd.) darf man zustimmen und den Kriterien der „Kürze, Vereinzelung und Dichte" (ebd. 385/6). Doch genügen sie?

Ein anderes Nachwort (Spicker 1999, ²2009) vollzieht einen weiteren Schritt; er sieht das „Problem nur im Einzelfall" und die „fließende Grenze" (²2009, 328); denn „die Aphoristiker selbst haben eine Unzahl aphoristischer Definitionen geliefert" (ebd. 329); „Begriffsmisere" (ebd. 331) wird festgestellt, doch von einem „aphoristischen Denken" (ebd. 332), also einer denkerischen Grundhaltung, ausgegangen.

> ... eine Addition und zu einer im Prinzip offenen, auch heterogenen Liste, die Paradoxon, Chiasmus, Antithese, die Wortspiel, Umkehrung und Neologismus, Exempel, (Schein-)Definition, Aussparung, Pointierung, Proportion und vieles mehr umfasst.
>
> Spicker (²2009, 332)

Frickes Definitionen werden herangezogen der „drei notwendigen Merkmale (kontextuelle Isolation, Prosaform, Nichtfiktionalität) und der vier alternativen Merkmale (Einzelsatz, Konzision, sprachliche Pointe, sachliche Pointe)" (ebd. 333).

... immer sucht der Aphoristiker von einem Denk-Erlebnis aus seinem eigenen Erkenntnisanspruch zwischen Wissenschaft und Literatur gerecht zu werden, Begriff und Bild, Denkexperiment und Anschauung zu verknüpfen.

Spicker (^{2}2009, 334)

Also nochmals: Isolation, Prosaform, Nichtfiktionalität, Einzelsatz, Konzentration, sprachliche und sachliche Dichte. (ebd. 332/333).

Ohne Zweifel wären so Grundkriterien zu beschreiben. Ob sie dem Phänomen genügen?

Im Nachwort zu Benyoëtz „Der Mensch besteht von Fall zu Fall" ergänzt Spicker, indem er von „paradoxienahen Differenzierungen" (2009, 194), von „weitgehend gegen die Ordnung gerichteter Gattung" (ebd. 197), von „Gattung im Schnittpunkt von Denken und Dichten" (ebd. 199) und „Uneindeutigkeit" (ebd. 200) spricht. „Uneindeutigkeit" scheint allerdings vordergründig, das „Dichten" vielleicht als Ver-Dichten akzeptabel; denn Aphorismen sind vornehmlich sprachlogische Leistungen, die den Logos der Sprachen aktivieren. Die syntaktischen Strukturen werden Aktion.

Schließlich lesen wir in Spickers Nachwort zu „Es lebt der Mensch, solang er irrt" von „äußerster Reduktion" (2010, 329), „unendlicher Denkbewegung", „unerwarteter Umkehrung" (ebd. 320) und, quasi definierend, von „kurzer Prosaform, Isolation, Konzision, Pointierung ... unsystematischem Erlebnisdenken und Erkenntnisspiel" zu „kritischer Weiterarbeit" (ebd. 321). Zuletzt die Feststellung:

> Denn ungeachtet der fraglosen Konnexlosigkeit wächst die Einsicht, dass Aphorismen auch in ihrer Konstellation zueinander gelesen werden können oder müssen. (ebd. 330)

Abgesehen von den menschlichen Grunderfahrungen dürfte die Sprache als deren Niederschlag, d. h. das verlautete Denken, den gemeinsamen Nenner stiften.

Umschreibung

Gattungskriterien lesen sich an der Form ab, an der Gestalt. Offen bleibt, welche Inhalte oder welcher Sinn solche Form hervortreibt, wem was gesagt oder bedeutet werden soll und worauf dies abzielt. Gewiss, das isolierte, bruchstückhafte literarische Phänomen lässt sich zunächst als Selbstgespräch verstehen, was immerhin nicht sprach-los geschieht und sich als Sprache fixiert. Das mag besonders für Lichtenberg und andere gelten. Mit der Veröffentlichung aber spricht es in die Öffentlichkeit, und jeder Aphorismus meint jemand, spricht ihm zu, fordert ihn auf, ohne ihn zu benennen, gar bloßzustellen. Angesprochen werden soll jeder als Einzelner, und gerade der soll sich betroffen fühlen, sich in Spiegelperspektive erkennen, den Satz reflektieren, ihn gedanklich bewegen, indem die eigenen Gedanken sich bewegen. Sinnpotentiale dürfen nicht ausgeklammert werden. (Hauptprobleme werden in den folgenden Kapiteln aufgegriffen.)

Aphorismen sind oder wollen Weisheit, nicht aber als bloße Weisheit um der Weisheit willen. Sie präsentieren keine Erkenntnis, keine Stufe von Erkenntnis in unbewegter Statik, sind vielmehr angewandte Weisheit, produktive Weisheit, die sich in Fluss bringt, indem sie sich selbst bewegt, ja in Frage stellt. Jede Frage steht und setzt unter Spannung, auch wenn sie sich nicht syntaktisch (Wortstellung) entwirft, sondern scheinbar Unvereinbares antithetisch gegenüberstellt, wobei Spruch und Wider-Spruch nicht immer durchexerziert sein müssen, sondern von dem einen starken Pol zwingend und zündend auf den andern überspringen. Die verknappte syntaktische Hochspannung bildet die Denkhochspannung ab, den Einfall, die jähe, blitzartige Erschütterung im Netz der Neuronen. Was gesagt ist, muss so gesagt sein, weil es sich so denkt oder gedacht hat.

Augenscheinlich kennzeichnet einen Aphorismus die außerordentliche Kürze, die Verknappung durch radikalen Verzicht auf Überflüssiges und Nebensächliches, die Konzentration nur eines Gedankens auf nur ein Ziel. Wie ein Pfeil, den der Bogen spannt. Der Gedanke jedoch, der sich sprachlich abschießt, ist keineswegs zufällig, auch wenn er unerwartet, oft jäh sich kundgibt. Er ist eher wie ein Vulkanausbruch aus tieferen Magmafeldern, besser: wie Geysire aus Überdruck kochender Blasen. Weniges, aber Bestimmtes macht sich Luft und gerinnt, ohne Formzwang, ja ohne Zwang, scheinbar ohne Logik. Das kann sich nur in knapper Prosa darstellen, die dennoch Syntax und Semantik nicht sprengt. Die sprachliche Reduktion spiegelt kein geschlossenes, eher ein offenes, augenblickhaftes Weltbild in Anstoß und Antwort, durch Schärfe punktueller Beobachtung ohne breite Erklärung und Begründung.

Empirie dominiert scheinbar. Denn was seismographisch ausbricht, reagiert Reflexionsbasen ab. Das Weltbild, das spürt und antwortet, kann nicht oberflächlich sein, sondern spricht aus Tiefen, wo Außendinge und Alltagsphänomene zusammenhängen und zusammenstoßen, aber unter kritischer Destillation. Man sollte darum den Aphorismen durchaus Ironie, Lakonie, Skepsis, auch Stoizität, zubilligen, nicht aber bloße Zufälligkeit. Dem entspricht die nackte Sprachstruktur einer elementarisierten Syntax. Gebundene Formen vermöchten die punktuelle Offenheit wie die offensichtliche Punktualität nicht abzubilden. Von Aphorismen als Poesie zu sprechen, ist darum problematisch. Literatur sind sie auf jeden Fall.

Aphorismen greifen nicht ein Problem auf und bereden es, sie schaffen es durch Spannung aus sich, hier und jetzt. Es geschieht sozusagen.

Zugleich gibt sich dieses Dabeisein distant, aus der Distanz des Logischen, und vermeidet das Ich-Bekenntnis – gegenteilig zur Lyrik. Keine Gefühligkeit, keine Gefühlsüberwältigung, vielmehr meist messerscharfe Logik. Die darf nicht ins Satirische und Zynische umkippen, auch nicht in flache Komik, die bloß verlächerlicht, weil beide ein ernsthaftes Fortwirken im Empfänger torpedieren.

Spannung erzeugt Dialektik, und umgekehrt: Dialektik ist Spannung. Kontrapunktik und Antithetik gehören zum Ansatz, aber Lösung und Synthese bleiben aus. Die Frage bleibt offen, doch ohne Verrätselung. Die Ballungen und Konzentrate schließen nicht ab, sondern auf, sprengen durch ungewöhnliche, unerhörte, neu präzisierte Sprache gewohntes Denken (und Handeln). Diese Unmittelbarkeit zwingt den Leser als Koproduzenten hinein in die Sache, in die Probleme, fordert, aber belehrt nicht, Sie gibt sich nicht als Weisheit, vielmehr als Signal auf den Weg dorthin.

Aphorismen wollen nicht Ergebnis und Lösung. Sie wollen bewegen, Richtungen anstoßen.

Nur Richtung ist Realität, das Ziel ist immer eine Fiktion: auch das erreichte – und dieses ganz besonders.
Schnitzler (WL 2009,131)

Wer sein Ideal erreicht, kommt eben damit über dasselbe hinaus.
Nietzsche (DA 2010, 96)

Nicht die Angst, etwas zu unternehmen, die Angst etwas zu erreichen, erklärt manch ein Scheitern.
Cioran (WL 2009, 196)

Im Leben siegt, wer als Letzter ans Ziel kommt.
Petan (WL 2009, 210)

Bewegen, auf den Weg bringen, auf dem Weg sein ist entscheidend. Erreichte Ziele stoppen die Bewegung, machen stolz, sicher und – leer. Gefordert sind dann neue Ziele. Erreichtes ist vorläufig, bald langweilig und schal. Stanislaw Lec benützt die Metapher von Pfeil und Zielscheibe.

Rette das Ziel, triff daneben!
Lec (WL 2009, 190)

Kulturelle Bedingtheiten

Die Umschreibung entspringt den Bedingungen unserer Kultur, der antagonistisch geprägten abendländisch-westlichen; sie schaut und folgert aus deren Perspektiven. Trotz der technisch-ökonomischen, zivilisatorischen Verwestlichung der modernen Welt muss gefragt werden, ob die Globalisierung auch Poesie und Literatur, damit den Aphorismus, erfassen und globalisieren kann.

Andere Kulturen ruhen auf anderen Fundamenten des Glaubens und Denkens, der Sprache und Schrift, geschichtlicher Prägungen und geübter Traditionen. Zwar hat beispielsweise der Reformer Kemal Atatürk statt der herkömmlichen die lateinische (natürlich nicht die griechische) Schrift eingeführt, während das neuere China vor ähnlicher Alternative doch an der abstrahierten Bilderschrift festhielt, weil andernfalls die Schriftkultur von Jahrtausenden schon nach wenigen Generationen nicht mehr erschlossen und verstanden werden könnte, der Zugang zur Vergangenheit abgeschnitten wäre und verloren ginge.

Denken und Welthaltung der Chinesen werden seit Jahrtausenden von Konfuzius (Kung fu tse, 551-478 v. Chr.) bestimmt und noch bis heute beeinflusst. Sein ethischer Rigorismus gibt sich nicht als Religion, doch genießt Konfuzius die Verehrung eines Heiligen. Die Lehren richten sich nicht auf Transzendenz, vielmehr auf rechtes Leben im Diesseits, betonen die Erfüllung aufgegebener Pflichten, die Ehrfurcht und die Verehrung der Ahnen. Yin und Yang, Männliches und Weibliches wiegen sich aus, Harmonie gilt mehr als Kritik, die deswegen negativ erscheint, weil kein Suchen und Fragen dahintersteht.

> ... Im Streit des Für und Wider liegt
> Die ganze Krankheit unseres Geistes. ...
>
> Der Mönch Tsan (Debon 118)

Feststellen der Weisheit, lernen der Weisheiten führt zur Selbstbedeckung, die das Gesicht nicht verlieren darf, folglich zu Meisterschaft der Höflichkeit. Das Ich und sein unmittelbarer Erkenntnisanspruch treten zurück. Das Lernen erreichter und formulierter Weisheit dominiert die Stufen des Geistes, bis zum Wissen alles Gewussten. Denken selbst ist gefährlich.

> Lernen ohne zu denken ist umsonst; denken ohne zu lernen ist gefährlich.
>
> Lun-Yü (Debon, 30)

Laotse (um 500 v. Chr.) wies den Weg mehr nach innen bis hin zum Nicht-Tun. Diese Lehre kam der des Buddha (Gotama Siddharta, 560-480 v. Chr.) entgegen, die aus Indien einfloss. Das unauswechselbare Tao in der Folge von Wiedergeburten muss durch Meditation durchschaut und durch Verneinung der Welt mittels Askese endlich in ein Nirwana aufgehoben werden. Die Lehre soll verinnerlicht, das Ich durch sich selbst aufgegeben werden.

Dieser Geist der Harmonie und der Selbstaufgabe kann sich nicht dramatisch-tragisch, auch nicht ungebunden aphoristisch-fragend darstellen. Chinesische Weisheit scheint festgelegt, lernbar aber nicht hinterfragbar. Aphoristische Ansätze gefrieren zu Sprichwörtern.

> Großer Streit ist nicht so gut wie kleiner;
> Kleiner Streit ist nicht so gut wie keiner.
>
> (Debon, 231)
>
> Der Pinsel versehrt
> Gleich einem Schwert.
>
> (Debon, 212)

Konträr zu chinesischer Weisheit scheint die des Islam, weil sie durch Mohammed (vor 550-632) im Koran festliegt. Sie regelt Denken, Tun und Lassen, an Überschneidungen auslegungsbedürftig, von Theokratie bestimmt. Die Lehre steht fest und kann nicht Gegenstand von Forschung und Spekulation sein. Sie kann auch nicht aphoristisch fragend, nur mystisch (Sufis) oder poetisch (Hafis u. a.) bewegt werden. Die Determiniertheit erlaubt auch keinen Aufforderungscharakter in Prosa.

> Denkt über die Schöpfung nach, aber denkt nicht über den Schöpfer nach!
>
> Muhammad (Schimmel 26)

Statt spekulativem Infragestellen praktische Hinweise:

> Erst binde dein Kamel an, und dann vertrau auf Gott.
>
> Muhammad (Schimmel 207)

Wenn jemand Gutes von dir denkt, dann bemühe dich, dass er recht hat!

Ali (Schimmel 31)

Die beste Askese ist das Verbergen der Askese.

Ali (Schimmel 200)

Besser ein Irrtum, der dich beglückt,
als eine Wahrheit, die dich niederdrückt.

Saadi (Schimmel 31)

Gegenüber Chinesen oder Muslimen erscheinen Juden als Aphoristiker kat´exochen.

Ein Goj (Nichtjude) fragt einen Juden: „Erklären sie mir doch, warum antwortet ihr Juden auf eine Frage immer mit einer Frage?" Ohne Zögern antwortet der Jude: „Warum soll ein Jude auf eine Frage nicht mit einer Frage antworten?"

Habul (Gröz. 2010, 41)

Viele – die meisten – jüdischen Sprichwörter sind offensichtlich aus Aphorismen hervorgegangen oder sind eben solche, wenn man nicht differenziert. Einige Beispiele:

Gebratene Tauben fliegen nicht in den Mund.

(Gröz. 2010, 21)

Ein König mag keinen Größeren als sich selbst.

(Gröz. 2010, 23)

Willst du, dass man dich hasst – übe ständig Kritik.

(Gröz. 2010, 25)

Auf das menschliche Gedächtnis ist kein Verlass.
Leider auch nicht auf die Vergesslichkeit.

Lec (Gröz. 2010, 34)

Eine Uhr, die steht, ist besser als eine, die falsch geht.

(Gröz. 2010, 35)

Fehlt es dem Dieb an Gelegenheit, hält er sich selbst für ehrlich.

Tendlau (Gröz. 2010, 106)

Jeder liebt die Wahrheit, aber nicht jeder sagt sie.

(Gröz. 2010, 122)

Schade, dass man ins Paradies mit einem Leichenwagen fährt.

(Gröz. 2010, 154)

Wenn man nicht alt werden will, soll man sich jung aufhängen.

(Gröz. 2010, 161)

Die für die Aphorismen beschriebenen Kriterien treffen auf diese Exempla weitgehend zu. Die Einsicht macht fragen, warum gerade der jüdische Intellekt wieder und überall zu der geschliffenen, pointierten Form greift.

Nicht erst seit der Erstürmung der Massada durch die Römer und der endgültigen Auslöschung des Staates, der Zerstörung des Tempels und der Vertreibung (70 n. Chr.) lebten Juden zerstreut in der mittelmeerischen Welt, aber in Gemeinden durch die Thora und in Synagogen zusammengehalten. Sie standen in Ägypten, von wo sie unter dem mythischen Moses auszogen, unter pharaonischer Herrschaft, und sie standen (in Teilen) unter babylonischer oder assyrischer Herrschaft, wovon die Perser (Kyros) sie befreiten. Und dann unter der Herrschaft der Römer. Im Imperium Romanum lebten jüdische Gemeinden, und zur Zeit der Blüte Alexandrias (im 3. Jahrhundert) soll ein Viertel der Bevölkerung Juden gewesen sein. Progrome, Vertreibungen und Emigrationen setzten sich bis ins 20. und 21. Jahrhundert fort. Die Ortsbeweglichkeit bezeugen Bundeslade und Zelt, die Religiosität die transportablen heiligen Schriften.

Juden mussten sich immer wieder und überall anpassen, mussten thorafest in argumentierender, auch strittiger Auslegung sein, dazu mindestens zweisprachig in der intellektuellen Oberschicht, durch und für Sprachen (und Wissenschaft) logisch geprägt. Assimilation erfordert scharfe Beobachtung, Genauigkeit im Rechnen und im Sprachhandeln, also überlegenen logischen Schliff, der das Überleben in jederart Fremde ermöglicht. Über Jahrtausende bildete sich eine Elastizität des Logischen heraus, die sich vielfach als Literatur in den angeeigneten Sprachen niederschlug. Im 20. Jahrhundert waren im deutschsprachigen Raum, besonders in Österreich, Juden als Literaten überproportional vertreten, denken wir nur an Kafka, Freud, Schnitzler, Canetti, Kraus, Roth, Celan, Laub, Lange, Benyoëtz und so weiter.

Der Blick auf das Andere spiegelt sich zurück auf das Eigene, das schärfer bewusst wird. Witz und Spott richten sich auch auf sich selbst, damit immer auf das Menschliche, womit man sich als gleichwertig behauptet, ohne andere zu verletzen.

Alle Genüsse stammen aus dem Paradies,
sogar die guten Witze.

Langer (Gröz. 2010, 12)

Der jüdische Witz ist berühmt; er wirkt wie die logische Spitze des Existenzwillens.

Auf dem Boden Israels und antithetisch zur rituell erstarrten Rechtgläubigkeit trat Jesus in die jüdische Welt, die im Hellenismus aufzugehen drohte. Der erwartete Messias aber lehrte nicht die politische Befreiung, sondern die innere Freiheit des Glaubens gegen die einschnürenden Gebote. Jesus war kein Rhetor, sprach in einfachen Sätzen und Bildern, auch in Paradoxien, wenn er himmlische Wirkungen im gegenwärtig Irdischen verkünden wollte. Man könnte wahrscheinlich da und dort Aphorismen aus den Berichten der ein bis zwei Generationen später aufgezeichneten Evangelien herauslösen.

Jesu Lehren flossen in den hellenistischen Geist ein, durchdrangen das Imperium, berührten die Stoa, wie sie geworden war (Seneca) oder (in Marc Aurel) lebte. Man könnte christliche Elemente hineinsehen, was vor allem die Zeitgenossenschaft bestätigt. Antik-hellenistische Denkströme verflochten sich mit jüdisch-christlichen, bildeten im germanisch-romanischen Abendland, eben in Europa, spannungsreiche Antagonismen, die in allen Sprachen vor allem durch die und seit der Aufklärung Aphorismen zeitigten, die sich in je nationalen und personalen Profilen äußerten. Einen griechisch-byzantinisch-russischen, christlich-orthodox gefärbten Strom an Aphorismen können wir nicht verfolgen; denn es ist einmal fraglich, ob er sich entwickeln konnte. In jedem Falle fehlen Anthologien, übersetzt ins Deutsche.

Anders dürfte es um die angloamerikanischen und die lateinamerikanischen Länder stehen, Kolonien aus dem Geist Europas. Aphorismen sind vorhanden. Uns aber fehlen Übertragungen ins Deutsche und auswählende Anthologien. Ein Markt dafür ist nicht vorhanden.

Notgedrungen beschränkt sich diese Studie auf Aphorismen aus Europa, d. h. vor allem auf deutschsprachige, auch ins Deutsche übersetzte. Zur Erhellung der Aphoristik aber bieten sie mehr als ausreichend Belege. In Kauf genommen werden muss die Beschränkung der ausgewählten Texte aus bereits beschränkenden Auswahlen, die Perspektive des Auswählenden und die Profilierung als Probleme.

Sowohl bei den einzelnen Aphoristikern als auch in Anthologien zeichnen sich Schwerpunkte ab, die sich vornehmlich um Probleme des Ethischen, Sozialen, Politischen, des Juristischen und Theologischen, auch des Pädagogischen und der Sprache gruppieren. Andere Themen wie Liebe, Glaube, Hoffnung, Treue, Kunst treten relativ zurück, weil hier der Einzelfall den Einzelnen trifft, innen trifft, sodass nur wenige sich betroffen fühlen, auch weil die personale Sphäre zwar kein Tabu darstellt, aber doch gehütet wird und zu hüten ist.

Die Studie nimmt jene Schwerpunkte auf und an, verstärkt sie noch, auf Kosten marginaler, wenn auch in Einzeltexten reizender, Probleme.

Generationen und Geschlechter

Jugend und Alter: Zwiesichten

Es dürfte kaum jugendliche Aphoristiker geben. Es sei denn, Erlebnisse im Kindesalter haben sie wissend, altklug und früh zu Greisen gemacht durch Erfahrungen, die sich tief einbrannten und Bitternisse des Lebens vorwegnahmen. Jugend kreiert Pläne und Ziele, entwirft Zukunft, glaubt an ein Ganzes, das sie schaffen will, umso mehr, je weniger es bestimmt, ja definiert ist. Aphorismen bleiben der Jugend fremd, sind gewissermaßen unjugendlich, und dass sie Durchblicke öffnen, entgeht ihr meist, weil sie Nach-Sichten des immer schon Gewesenen und Gewussten scheinen. Jugend will eigene neue Perspektiven auf das Bild der Welt, will nicht nur Erfahrungen übernehmen und repetieren, sondern will sie selber machen. Nach dem Sprichwort scheut erst ein gebranntes Kind das Feuer. Jugend hat noch nicht Begegnungen und Einsichten gewinnen können, die Erfahrungen geworden wären und sich bestätigt hätten. Sie schaut voran auf Künftiges, nicht zurück auf Gewesenes. Und will sich nicht aufhalten bei den Irrtümern und Fehlern der Alten. Sie will sich aus sich selber entwerfen und aufbauen.

> Jeder muss sich selbst austrinken wie einen Kelch.
> Morgenstern (DA 2010, 121)

> Die jungen Leute leiden weniger unter ihren Fehlern als unter der Weisheit der Alten.
> Vauvenargues (WL 2009, 33)

> Auf den Erniedrigungen, die wir in unserer Jugend erlitten, bauen wir unsere Persönlichkeit auf.
> Moser (DA 2010, 157)

Das Alter schaut zurück, hält das Erlebte für Erfahrung, die, einmal gewonnen, immer gilt. Eine zwar begrenzte Zeit hat sie bestätigt, Wissen um Vergänglichkeit das eigene Sein relativiert. Lächerlich der Alte, der den Jungen mimt.

> Es gibt keinen traurigeren Anblick als einen jungen Pessimisten, ausgenommen einen alten Optimisten.
> Mark Twain (WL 2009, 110)

Anachronistisch der ewig Jugendbewegte, weil er das Altern verleugnet.

Im Raume der Aphorismen verfügt das Alter über die günstigere Position. Während Jugend noch davorsteht, ist Alter schon auf dem Berg, übersieht rückblickend Landschaft, Wege und Begegnungen. Es schaut weiter und deutet elementarer. Es hatte seine Jugend und weiß (immer noch) mehr davon, als Jugend vom Alter ahnen, gar wissen kann. Sie vermag sich Alter, eben eigenes Alter, nicht vorzustellen, sie hörte denn auf, Jugend zu sein.

> Kein kluger Mensch hat je gewünscht, jünger zu sein.
> Swift (WL 2009, 31)

Müßig, Alter gegen Jugend auszuspielen (oder umgekehrt), glücklich, wer beides erleben darf, ohne Überidealismus und ohne Nostalgie. Man soll beide Phasen durchlaufen, aber eben nicht gleichzeitig.

> Jugend hat das Feuer, Alter das Licht.
>
> Benyoëtz (2009, 122)

Jugendwahn ist ebenso töricht wie Rentnerseligkeit, die nicht früh genug beginnen kann und alles besser weiß. Beidemale mangelt es an Achtung und an Aufgaben. Jugend muss reifen dürfen, wie grünes Obst, Alter soll Reifung fördern, nicht hindern.

> Die nächste Generation kehrt meist vor der Tür der vorigen.
> A. W. 5.10.1987
> Der *Fortschritt* ist nichts anderes als die Ungerechtigkeit, die sich jede Generation gegen die vorausgegangene zuschulden kommen lässt.
> Cioran (WL 2009, 196)

Vergänglichkeit

Es ist keineswegs so, dass Aphoristiker vom Lehnstuhl der Altersweisheit herab Lehren erteilen, ebenso wenig, dass sie Jugend als Jugend verurteilen, auch wenn diese bisweilen allzu rigoros aufräumt, um Raum für eigenes Wirken zu gewinnen. Jugend bleibt Lehrzeit, selten zeitigt sie bereits Meisterschaft. Die will tagtäglich errungen und bewiesen werden. Marie von Ebner-Eschenbachs Satz – „In der Jugend lernt man, im Alter versteht man" (IX 14) – verallgemeinert allzu leicht dieses „man", das „lernt" und „versteht". So gewiss scheint dieses Verstehen nicht; auch das dürfte aufgegeben und zu lernen sein.

> … die ersten vierzig Jahre unseres Lebens liefern den Text, die folgenden dreißig den Kommentar dazu …
> Schopenhauer (Aph. 145)

Zwischen Jugend und Alter rinnt Vergehen, wächst Bewusstsein der Vergänglichkeit. Zeit wird schmerzlicher wahrgenommen, Gefühl der Zeitlichkeit nimmt zu,

> Dass alles vergeht, weiß man schon in der Jugend; aber wie schnell alles vergeht, erfährt man erst im Alter.
> Ebner-Eschenbach (IX 95)

> Wenn die Zeit kommt, in der man könnte, ist die vorüber, in der man kann.
> Ebner-Eschenbach (IX 34)

Das Postulat, „Alt werden, heißt sehend werden" (Ebner-Eschenbach, IX 8), stößt die Frage an, was denn nun in Sicht kommt und gesehen wird: Welt, elementarisiert und reduziert, doch auch undifferenziert und vereinfacht. Es gilt nur noch das Wesentliche. Aber seit des Angelus Silesus Mahnung: „Mensch, werde wesentlich!"

scheint immer unsicherer geworden und zu werden, was denn dieses Wesentliche sei. Das, was bleibt, wenn man mehr und mehr weglässt. Elias Canetti stößt diese magische Reduktion als Lernprozess an.

> Er bemüht sich, immer weniger zu wissen, und muss dazu eine Menge lernen.
> Canetti (DA 2010, 219)

> Seit er alles vergisst, weiß er viel mehr.　　Canetti (WL 2009, 178)

Damit wären wir wieder bei der Frage nach dem Wesentlichen, ja nach der Einfalt des Kindes – und was zwischen Jugend und Alter geschah, schiene unnütz und überflüssig. Das Gelernte müsse wieder ver-lernt werden.

Dagegen sträubt sich Goethe.

> Es wäre nicht der Mühe wert, siebzig Jahre alt zu werden, wenn alle Weisheit der Welt Torheit wäre vor Gott.
> Goethe (DA ²1994, 37)

Goethe hält an der Sinnhaftigkeit des Gelernten, Erfahrenen, Erarbeiteten eines Lebens fest, auch in einer letzten Perspektive; er wehrt sich gegen aphoristisch pointierte Infragestellung des Lebenssinnes. Er würde nicht von Narrenfreiheit des Alters sprechen, und noch der uralte Faust postuliert im letzten Monolog einen Sinn der Tätigkeit im Diesseits. Wird sein Streben in der Vergangenheit am Ende zum Zugzwang? Denn Torheiten des Alters zuzugeben, schiene schlimm, weil sie irreversibel sind.

Vergeblichkeit

Allzuleicht verdecken oder tarnen einsichtige Weisheiten verfehltes Tun in der Vergangenheit, ein Wissen, worüber nur das Alter verfügt, das aber nicht nachgeprüft werden kann.

> Die Greise geben gern auch Lehren, um sich darüber zu trösten, dass sie nicht mehr imstande sind, schlechte Beispiele zu geben.
> Rochefoucauld (WL 2009, 12)

> Die Fehler, die uns infolge des Alters verlassen, nehmen manche Tugenden mit.
> Mohr (DA 2010, 81)

> Eine der schlimmsten Erfahrungen des reifen Alters ist, dass man niemanden vorwärtsbringen kann, außer sich selbst.　　Hofmannsthal (DA 2010, 138)

> Erfahrungen wären nur dann von Wert, wenn man sie hätte, ehe man sie machen muss.
> Waggerl (DA ²1994,263)

Altersweisheit relativiert. Sie verliert an Atem und Elastizität. Sie wird ambivalent, wenn selbst die Ebner-Eschenbach alternativ einräumt: „Das Alter verklärt oder versteinert" (IX 13). Oder Jonathan Swift, dass „jeder lang leben möchte, aber keiner alt werden will" (WL 2009, 51). Oder, bitter genug, dass man Jugend-Kasernen abbaut, dafür Alten-Kasernen aufbaut.

Altsein ist kein reines Vergnügen, so wenig wie Jungsein ungetrübte Freude. Den negativen Akzent setzt bereits Seneca:

> Das Alter ist eine schlimme Krankheit.   Seneca (Rona 140)

Ein Pessimist, wie Schopenhauer, würde vielleicht auch die Jugend einbeziehen, jedenfalls vom ganzen Leben als „Krankheit zum Tode" (Kierkegaard) sprechen. Was aber veranlasst Seneca, den Stoiker, zu derartiger Negation. Erfuhr er, der im Alter von 64 Jahren, gezwungen durch seinen Schüler Nero, Gift nahm, erfuhr er die Erfolglosigkeit des hochrangigen römischen Politikers und Erziehers, die im Alter offenbar wurde? Den Kraftverlust, die Bürde, auch Krankheiten? Das alles wurde zur „Krankheit" Alter, die es zu bestehen gilt. Einen angemessen heroischen, rechtzeitigen Tod versäumt zu haben, verstärkte die Missgunst des Schicksals nach dem antiken Sprichwort: „Wen die Götter lieben, der stirbt jung." Stirbt er aber nicht unzeitig weil vorzeitig, nicht unreif?

> Wer keine Zeit hat, wird nicht reif.   F. G. Jünger (DA ²1994, 268)

Wer aber überreif ist, versäumte die Zeit, zu ernten und – geerntet zu werden.

Mann und Frau

Wer war zuerst? Nach Moses Schöpfungsmythos schuf Gott den Adam, und Eva ging aus ihm (einer Rippe) hervor. Die Courtoisie aber pflegt die Frau zu bevorzugen, sie zuerst zu nennen, ihr höflich, d. h. nach den Sitten bei Hofe, zu begegnen, ihre geringere Rechtsfähigkeit als Ideal oder durch Etikette zu überhöhen. Troubadours und Minnesänger huldigten der Dame als *domina*. Wie viel Lyrik aber wäre ohne diese Idealisierung und Stilisierung nicht entstanden?

Die Dame wird zuerst angesprochen, genannt und begrüßt. Männersache? Nein, auch Frauen reden immer zuerst die Frauen an: Meine Damen und Herrn! Ziehen sie diese grundsätzlich vor oder repetieren sie nur Konventionen der Männer? Folgt man, nein: folgt frau einfach vorgegebenen Bahnen; schlüpft sie in Rollenklischees, wie in Kleidungsstücke?

Die Zweigeschlechtlichkeit ist ein Grundkriterium nicht nur der Säugetiere, deren evolutionäre Aufgipfelung zu sein der Mensch sich zuspricht. Wir wissen nicht, warum und seit wann es Mann und Frau gibt, wir wissen nur, dass sich Körperbau, Blutkreislauf und Hirnfunktionen gleichen und sich nur die Organe der Fortpflanzung unterscheiden und die Geschlechter bestimmen. Medizinisch gesehen mag das ungenau erscheinen. Aber die Spannung zwischen Mann und Frau durch ein Anderssein im Gleichsein macht das Leben aus. Sie ist Leben.

Diese Grundüberlegung mag einfach genug sein, so simpel jedenfalls, dass relativ wenige Aphoristiker darin ein Thema erkennen oder aufnehmen, das offenbar bloße Intellektualität nicht fassen kann und reine Gläubigkeit unbefragt als Schöpfungswunder nimmt.

> Warum schuf Gott Mann und Weib? Um den Begriff des vollendeten Menschen außerhalb unserer Personen zu verlegen.
>
> Gutzkow (DA ²1994, 123)

Der Aphorismus ficht die Ich-Philosophie des Idealismus an, die ein autonomes Ich isoliert. Der Mensch wäre vielmehr eine komplementäre Idee aus zwei Polen, die sich in Einzel-Ichs realisiert. Aber diese Ichs verkörpern sich nur als männliche und weibliche Ichs. Das Ich schon ist eine theoretische Annahme und eine philosophische Fiktion. Die Einsicht, die der Aphorismus öffnet, mag vor Ich-Hybris und Emanzipations-Wahn warnen.

Der einzelne Mensch ist kein Single. Er hat sich weder selbst zur Welt gebracht noch mit Genen begabt, sich nie nur aus sich gebildet und nie nur isoliert, um zu leben. Er stirbt nur allein. Kurzgeschlossen: Single ist er nur im Sterben, im Leben nicht.

Das Grundverhältnis Mann-Frau streifen nur wenige Aphorismen, wohl weil es selbstverständlich scheint. Dennoch finden sich einige, die Vorurteile anprangern.

> Eine gescheite Frau hat Millionen geborene Feinde: – alle dummen Männer.
>
> Ebner-Eschenbach (IX 24)

> Frauen sind zu mutig, um heroisch zu denken.
>
> Benyoëtz (Ben 2007, 119)

> Die Männer haben meist recht, weil meist die Frauen klüger sind.
>
> A. W. 4.9.2006

> Ehrgeiz entstellt eine Frau. Einen Mann nicht?
>
> A. W. 23.4.2009

Die Feindschaft, die die Ebner-Eschenbach in dem klassisch gebauten Aphorismus konstatiert, stellt eine einzelne Frau allen Männern gegenüber. Die Gescheitheit einer Frau genügt, Feindschaft zu erregen bei allen Männern, die „dumm" sind. Sie sagt nicht, alle Frauen seien gescheit, und nicht, alle Männer seien dumm. Aber die eine Gescheite scheint alle als dumm zu erweisen, die Mehrzahl der Männer offenbar. Genauer hingehört, heißt dies, dass die Gescheitheit einer einzigen Frau – nicht aller Frauen – die Dummen provoziert, nicht dass alle Männer dumm wären. Kein Mann wird heute den Inhalt bestreiten. Vor mehr als einem Jahrhundert konnte der Aphorismus eine Art Slogan der Frauenbewegung werden.

Dass zum Bestehen von Not der Mut zum Unheroischen, banal Alltäglichen gehört, wissen wir, spätestens seit dem Zweiten Weltkrieg, und dass kluge Frauen die Männer oft recht haben lassen und dadurch lenken, weiß man seit Adam und Eva. Nicht zuletzt dürfte Ehrgeiz eine psychische Verzerrung des Menschen sein, die man nicht nur der Frau vorhalten darf.

Emanzipation

Man kann Renaissancen und Revolutionen auch als Beben oder Ausbrüche von Emanzipationen sehen, als Befreiungen der Bauern, der Sklaven, der Proleten, der Rechtlosen, der Kinder, der Frauen. Eine Grunddefinition vor einem Jahrhundert –

> Emanzipation, die – Übergang eines Leibeigenen aus fremder Tyrannei in eigene Despotie.
>
> Bierce (WL 2009, 111)

– besagt, dass der „Leibeigene" aus einem fremden Gefängnis in sein eigenes wechselt, dass er das Gefangensein in sich nicht durchschaut, darum sich nicht beherrscht, nicht zur Selbstmeisterung fähig. Theoretisch mag man sich von allem emanzipieren, doch nicht von seinem jeweils männlichen oder weiblichen Ich. Emanzipation vom Ich geschieht im Tod, von dem keine Emanzipation möglich ist. Zu Ende gedacht, ist Emanzipation tödlich, befreit vom Leben zum Sog in ein dunkles strudelndes Loch. Wer sich nicht von Emanzipation emanzipiert, geht an Emanzipation zugrunde.

Emanzipation wird landläufig nur als Emanzipation der Frauen gehandelt. Die scheint je nach Ländern, Kulturen und Religionen in allen Schattierungen von Gelungen bis Unerfüllt. Als Schritt oder Emanzipation in die berühmte „richtige Richtung" wurde und wird die schulorganisierte Koedukation beschworen. Altersstufen und Entwicklungsstufen von Jungen und Mädchen um die Zeiten des Pubertierens werden aus ideologischen Gründen gleichgesetzt. Fraglich ist auch, ob emanzipatorische Erziehung (fast) ausschließlich durch Frauen den Bedürfnissen, Forderungen und Förderungen beider Geschlechter gerecht werden kann. Aphorismen dazu gibt es nicht.

Der Einzelne leidet darunter, weil Polaritäten der Erziehung fehlen; er kann daran zugrunde gehen, weil er sein Ich überproduziert, weil Familien versickern, weil keine Generationen folgen, Völker vergehen und verschwinden. Und auch mit Geld lässt sich kein Wille zum Kind kaufen, wenn Kinder nicht mehr als Geschenke, sondern als Last für Karrieren empfunden werden. Sterilität im Vitalen ist Sterilität des Mentalen; sie wird auf allen Stufen medizinisch exekutiert und juristisch abgesichert.

Liebe

Emanzipierte Autoren werfen keine Lichter auf Emanzipation, die kein Problem scheint, allenfalls auf emanzipatorische Mängel anderswo. Dafür feiern (nach Paulus Korintherbrief I 13) sie die Liebe als das Höchste: göttliche Macht und Verheißung, Erhöhung des Ichs durch Überschreitung zum Du, Hoch-Zeit, d. h. die hohe Zeit des Lebens. Als grundloses und nicht begründbares Urvertrauen macht Liebe blind und sehend zugleich, will sich verkörpern und einkörpern, ist total und sucht das Ganze.

> Der Mensch will brutto geliebt werden, nicht netto.
> Hebbel (DA ²1994, 132)

Liebe ist nicht zu fordern, geschweige zu erzwingen.

> Die Forderung geliebt zu werden, ist die größte aller Anmaßungen.
> Nietzsche (KSA 2222, 325)

Hört, nach Paulus, die Liebe nimmer auf, so widerhallt dies auch in zahlreichen Aphorismen, die hier nur in schmaler Auswahl zitiert werden.

> Nicht lange genug währt jeweils eine lange Liebe.
> Properz (Rana 130)

> Der liebt nicht, der die Fehler der Geliebten nicht für Tugenden hält.
> Goethe (DA ²1994, 48)

> Jeder geliebte Gegenstand ist Mittelpunkt eines Paradieses.
> Novalis (II 277)

> Was aus Liebe getan wird, geschieht immer jenseits von Gut und Böse-
> Nietzsche (WL 2009, 126)

> Der Geist baut das Luftschiff, die Liebe aber macht gen Himmel fahren.
> Morgenstern (DA ²1994, 195)

> Liebe entwaffnet nicht, sie überwältigt nur.
> Benyoëtz (Be 2007, 110)

Aphorismen feiern die Idealität der Liebe zu allen Zeiten. Was aber eröffnen sie? Doch wohl so viel, dass es einen Stern gibt, der den verwirrenden grünen Dschungel des Lebens überstrahlt, einen Leitstern. Das zu erfahren oder daran erinnert zu werden, kann hilfreich sein, für das Verstehen seiner selbst.

> Ein Mensch,
> der sich weder liebt
> noch lieben lässt,
> kann sich auch nicht begreifen.
> Benyoëtz (Be 2007, 108)

Definiert Verstand den Menschen unzureichend, so lässt Liebe ihn sich selbst erkennen, macht ihn seiner selbst bewusst, wertet ihn auf.

Liebe aber ereignet sich unter verschiedenen Vorzeichen und in verschiedenen Formen, vom Gnadengeschenk bis zum käuflichen Produkt. Unsere Sprache deckt die Spielarten mit dem einen einzigen Wort, was dem Phänomen nicht gerecht wird. Es lässt sich pluralisieren und verbraucht sich auf den Ebenen der Charitas, des Amor und des Sexus. So begibt sie sich der Einmaligkeit und der Ausschließlichkeit, wird verschlissen und langweilig.

> Zehn Küsse werden leichter vergessen als ein Kuss.
>
> Jean Paul (DA ²1994, 67)

Ob analog auch die Behauptung zuträfe, es vergäßen sich leichter zehn Frauen bzw. Männer als eine bzw. einer, soll offen bleiben. Das einmalig Bewegende ist nicht repetierbar.

Was indes in *love parades* als Liebe sich ausstellt, ist nackte Sexualität, lärmend zu Markte getragen: Triebverschleiß und Körperverschleiß. Sexy wird so etwas wie ein Zentralkriterium, nicht Zuwendung und Verlässlichkeit. Die Sinne verschlingen den Sinn; unersättlich, wollen sie immer mehr.

Und gerade das Mehr erzeugt Überdruss. Leere Einzelne betäuben sich aneinander, verdecken durch Reize des immer Neuen ihre Vergänglichkeit. Von Treue ist in kaum einem Aphorismus die Rede. Begriff und Sinn scheinen verbraucht.

Ehe

Selten sind auch Aphorismen zur Ehe. War Ehe je eine Domäne der Intellektuellen, derer, die Aphorismen schreiben? Ehe bedeutete ursprünglich Gesetz, also Bestimmung und nicht freie Wahl. Die Familie (in Dynastien, im Adel, bei Bürgern und Bauern) handhabe die Ehe als politisch-wirtschaftlichen Faktor; die einzelnen hatten sich unterzuordnen. Liebe war dabei nicht verboten, rangierte aber nicht an erster Stelle.

Heute verstehen viele Ehe nur als Gesetz und Zwang, welche die Freiheiten des autonomen Ichs einschränken oder aufheben. Ehe erscheint als Fessel, sogar für Theologen, für die sie vordem Stiftung Gottes bedeutete, unter dessen Segen sie Brautleute mit dem „Bis dass der Tod euch scheidet!" stellten. Sollten Eheversprechen gelten, wenn dies einzuhalten nicht einmal segnende Theologen vermögen? Im Gegenteil: Rund ein Drittel aller Ehen wird geschieden, und wer es gar auf vier oder mehr Ehen bringt, gilt beinahe schon als erfolgreicher Promi und ausgewiesen für hohe Ämter. Auf dem Feld der Ehe sind nur wenig Aphorismen aufzuspüren.

> Nur der, welcher ein wahrhaft mühsames Leben geführt hat, er sei Jude, Türke, Christ oder was ihr wollt, sollte in jener Welt selig werden können; dann wären doch die ausgeschlossen, die ehelos gelebt haben und gestorben sind.
>
> Klinger (DA ²1994, 44)

Wenn eine Betschwester einen Bet-Bruder heiratet, so gibt das nicht allemal ein beten-
des Ehepaar.   Lichtenberg (I 622)

Es ist leichter die Menschen zu lieben als zu ertragen – viele heftig zu lieben als keinen
zu hassen.   Jean Paul (DA ²1994, 65)

Eheleben als „wahrhaft mühsames Leben" sollte, nach Friedrich Klinger, der irdi-
sche Prüfstein sein für Seligkeit im Jenseits. Den Ehelosen und Singles wäre so das
Paradies verschlossen, weil sie nicht zu den „Mühsamen und Beladenen" zählen,
denen, nach Jesus, Erquickung gebührt.

Andererseits geht der skeptische Lichtenberg, der Naturwissenschaftler, von dem
Gesetz des Magnetismus aus, dass sich gleichnamige Pole abstoßen. Eifer, Beobachtung und Wettbewerb im Beten vereiteln gemeinsames Beten, machen es zum Vorwand oder zum Störfall.
    Jean Paul hingegen legt den Finger auf die wunde Stelle, dass allgemeine Men-
schenliebe leichter sei als einen Menschen im konkreten Fall zu ertragen, und keinen
in unmittelbarer Nähe abzulehnen.
    Distanz und Toleranz in enger, fortdauernder Nähe und Reibung ist schwierig,
fordert Selbstkontrolle und Verzichte, Aufeinander-Eingehen und Sich-Ergänzen.
Dann scheint auch jener fast hymnische Aphorismus der Marie von Ebner-
Eschenbach nicht nur abgestandenes idealisiertes 19. Jahrhundert, und der apodikti-
sche generalisierende Satz des Eleazar ben Pedath nicht nur Gebot, sondern auch
Frage.

Soweit die Erde Himmel sein kann, soweit ist sie es in einer glücklichen Ehe.
                                                    Ebner-Eschenbach (IX 36)

Wer keine Frau hat, ist kein Mensch.   Eleazar ben Pedath (Gröz. 2010, 53)

Bitte, überlesen wir nicht das zweimalige einschränkende „soweit" der Ebner-
Eschenbach, und erinnern uns der fundierenden Überlegung, dass Mann und Frau
erst den Menschen ausmachen. So stoßen beide Aphorismen die Reflexion an.
    Und nochmals ein Streiflicht auf die Mühen der Ehe und die gegenseitige Er-
gänzung.

Sich auseinanderzustreiten ist leichter als sich zusammenzuraufen.
                                                    A. W. 11.12.2008

Ehe darf weder Zuchthaus, Gefängnis oder Arbeitshaus sein, keine Zwangsveran-
staltung. Sie darf aber auch nicht jederzeit abstreifbar sein. Ehe hindert Leichtfertig-
keit und Übereilung; sie stellt Mann und Frau unter gegenseitige Verantwortung, die
keinen Partner benachteiligt und ins Unrecht setzt.

Nach der Sharia kann eine Ehebrecherin zu Tode gesteinigt werden.
Und der Mann?
    Wirft er den ersten Stein?
                                                    A. W. 2.1.2011

Gewiss: Eine derartige Setzung von Recht erspart einen oft mühsamen Weg der Rechtsfindung und bedarf außerdem eines der Objektivität fähigen, ausgebauten Justizapparats. Allerdings, erinnern wir uns: In Nietzsches „Zarathustra" ist zu lesen: „Wenn du zum Weibe gehst, vergiss die Peitsche nicht!"

Familie

Seltener noch als über Ehe finden sich Aphorismen über die Familie: Für manche Intellektuelle wohl ein Auslaufmodell, für Jugendliche eine Art Zwangsanstalt, die Freiheiten beschneidet, für berufstätige Frauen permanente Überforderung. Aphorismen entwerfen kein System von Aushilfen, das kostspielig und unwirksam wäre. Sie entwerfen auch nicht Perspektiven auf die politisch-finanziellen Benachteiligungen von Familien mit Kindern, auch nicht darauf, dass Kinder offensichtlich bessere Schulleistungen zeitigen, wenn die Mutter zuhause bleibt, nicht auf die vielerlei Verwahrlosungen durch Ersatzmaßnahmen für die Mutter, schon gar nicht die These, dass Eltern bzw. Erziehungsberechtigten die Ausübung von Stimmrechten für ihre Kinder bis zu deren Mündigkeit zustünde. Woher aber kommen auf einmal stimmberechtigte Bürger, wenn sie 18 Jahre alt sind? Ergeben sich aus der angeborenen Menschenwürde nicht auch Rechte, die bis zur Mündigkeit delegiert und durch Eltern wahrgenommen werden sollten?

Davon spricht kein Aphorismus oder veranlasst Nachdenken. Aus der Perspektive von heute scheint Friedrich Schlegels Auffassung überholte Romantik.

> Nur um eine liebende Frau her kann sich eine Familie bilden.
> Fr. Schlegel (DA ²1994, 70)

Derartiges lässt sich bei Arthur Schopenhauer so wenig erwarten wie bei Karl Kraus, deren Intellektualismus nicht zu bestreiten ist.

> ...ganz Er SELBST SEYN darf jeder nur so lange er allein ist ...
> Schopenhauer (Aph. 93)

> Das Familienleben ist ein Eingriff in das Privatleben.
> Kraus (DA ²1994, 217)

> Familiengefühle zieht man nur bei besonderer Gelegenheit an.
> Kraus (DA 2010, 127)

Der philosophische Materialismus hat die dominierende Ich-Philosophie keineswegs überwunden, der entfesselte Kapitalismus sie materiell noch ins Extrem gesteigert.

Familien sind kein Zufall, nicht ersetzbar durch Kinderkrippen, Kindergärten, Ersatzmütter, oder durch Milliarden vom Staat. Verwahrlosung entsteht durch Liebesentzug, Fehlen der Mutter als entscheidende Bezugsperson und eines Zuhause, das ein Daheim ist; sie entsteht zugleich durch Ersatzhandlungen des Überflusses in Form von Spielzeugvielerlei, Medienüberflutung, Ferienfluchten, Dekonzentration und Lärm als Mangel an Stille. So wird eine Generation unterminiert, endlich zugrunde gerichtet. Man ist noch stolz darauf. Hoffentlich ist die Natur des Menschen stärker. Aphorismen jedenfalls lösen hierüber keine Denkbewegung aus.

Kind und Erziehung: Impulse

Cogito ergo sum: Die Aufklärung entwickelte ihr Menschenbild aus der Bewusstheit des Ichs, also des denkenden Individuums, bis zu Thesen der Autonomie, zumindest der Selbstverantwortlichkeit des Menschen. Die christlich dominierten Zeitalter, deren letztes das des gegenreformatorischen Barocks gewesen ist, fußten auf dem Glauben an Gott, den dreifaltigen, den Schöpfer, der gibt und nimmt, das Geschöpf ausstattet und leitet auf dem Boden der dogmatisch ausformulierten Lehre und im Rahmen der institutionellen Kirchen. In die wuchs man wie selbstverständlich hinein. Verkündigung, Choral, Riten waren ebenso wenig hinterfragt wie die Voraussetzungen der Wachstums- und Lernfähigkeit der jungen Menschen. Gegenüber dem *Was* spielte das *Wie* eine geringere Rolle, gar nicht irgendwelche Überlegungen zum Instrument des Aufnehmens, dem Gehirn, dessen Erforschung vor allem im 20. Jahrhundert intensiviert wurde. Es muss begabt werden, damit es sich ausbilden kann. Die Entfaltung der Kommunikationsmöglichkeiten, damit vor allem das Problem der Sprache, ihrer Entwicklung und Fixierung, ist seitdem ein sich fort und fort zeugendes Thema, zentrale Aufgabe in den ersten Lebensjahren und -jahrzehnten, vornehmlich der Erziehung, in welcher Form auch immer. Erziehung wird ein Generalthema.

> Das Interesse an Erziehung wird erst von dem Augenblick an große Stärke bekommen, wo man den Glauben an Gott und seiner Fürsorge aufgibt: ebenso wie die Heilkunst erst erblühen konnte, als der Glaube an Wunder-Kuren aufhörte.
>
> Nietzsche (KSA 2222, 202)

Novalis brachte die Erkenntnis auf kurze Nenner, als Aphorismen:

> Alles ist Samenkorn.   Novalis (II 352)

> Mensch werden ist eine Kunst.   Novalis (II 348)

Schlegel und Valéry sprechen von Bildung und Lernen.

> Nur durch Bildung wird der Mensch, der es ganz ist, überall menschlich und von Menschheit durchdrungen.   Fr. Schlegel (DA ²1994, 69)

> Der Mensch muss all das erst lernen, wofür er geschaffen ist.
>
> Valéry (WL 2009, 137)

Rousseau hatte mit dem Roman „Émile ou de l'éducation" (1762, deutsch 1763) eine Hochflut an Schriften und Diskussionen ausgelöst. Entsprechend seiner These

„Rétour à la nature" wird Emil in und durch die Natur gebildet, durch unmittelbare Anschauung und Begegnung. Zweifellos ein langer Weg für ein kurzes Leben, manchmal sogar Sisyphusarbeit, wo doch Menschheitserfahrungen, in Schrift kodiert, vorliegen.

> Bei der Erfahrung in die Schule gehen, kostet zuviel Schulgeld.
> Jean Paul (DA 2010,45)

Um diesen Weg zu kürzen, werden Bildungskonzentrate in Lernkonserven (in Schrift und Bild) eingesetzt. Bildung, die man zu Goethes Zeiten als Wachstum von innen durch Aufnahme äußeren Stoffes verstand, wird zwangsläufig Lernen, d. h. Übernahme und Aneignung von außen.

Diese „Bildung" als Lernen durch organisierte Erziehung ist vermittelbar, nicht aber die bildenden Grunderfahrungen des Lebens wie Liebe, Glaube, Hoffnung, Freude, Schmerz und Leid. Sie vollziehen sich auf einer anderen Ebene als nur auf der logischen, sind mehr als Wissen.

> Der Schmerz ist der große Lehrer der Menschen, Unter seinem Hauche entfalten sich die Seelen.
> Ebner-Eschenbach (IX 24)

> Der Schmerz ist der intimste Erzieher des Menschen.
> Arndt (DA 2010, 232)

Es dürfte einsichtig sein, dass die Unschärfe der Sprache zweierlei Verständnis von Bildung, auch von Erziehung und selbst von Lernen verursacht. Der Aphoristiker wird eher die Tiefendimension ansprechen und aufrufen, der Politiker die äußeren Machbarkeiten nach Organisationsformen, Regelungen, Stoffplänen – und nach Milliarden berechnen. Wenn beide von Bildung reden, ist es nicht das gleiche.

Unvermeidlich wurde Erziehung zum Thema der Aufklärung. Ja, Aufklärung ist Erziehung. Sie geschieht literarisch in Pädagogiksystemen, Schulexperimenten, fiktionaler (Romane) und aphoristischer Literatur. Pädagogik wuchs aus der Philosophie heraus wie diese aus der Theologie; diesen theoretisch-ideellen Grundzug trägt sie bis heute. Auch den seligmachenden einer säkularisierten Heilslehre. Lessing, Kant, Fichte, Schiller, Hegel, Schleiermacher haben Erziehung systematisch gedacht, Herbart in Stufen angelegt. Andere wie Pestalozzi („Lienhard und Gertrud", 4 Bände, 1781-84), Schummel, besonders Salzmann (mehr als ein Dutzend Erziehungsromane!) usw. breiteten das Thema der Erziehung und der Erziehungsheime aus: Versuche, es gestalthaft sichtbar zu machen, zu diskutieren und zu propagieren. Zwischen Hofmeistern bzw. Hauslehrern oder öffentlicher Schule bildeten sich Punkte privater Gemeinschaftserziehung, z.B. durch Rochow, Basedow, Pestalozzi, Fellenberg, Salzmann u.a.

Zentrales Anliegen dieser Pädagogik war das Kind, vom Kinde aus sollte gedacht und erzogen werden. Allen Kindern sollte (idealiter) Erziehung zugute kommen nach der aufklärerischen Idee der Allgemeinbildung, gelöst von der kirchlichen Schulaufsicht. Während der Revolution unterstellten die Jakobiner (Robespierre, St. Just) die Erziehung dem Staat, eine Erziehungsdiktatur.

Goethe, kein Freund der Revolution, hielt an Mentorschaft und Meisterlehre auf privater Ebene fest, befürwortete Konzentration statt Verzettelung in vielerlei Richtungen. Die deutsche Klassik blieb „ohne Lehrerbild" (Weber 1999 II 175). Aus dem nationalen Geist der Befreiungskriege entwarfen und entwickelten Romantiker eine deutsche Nationalerziehung, die durch die Pflichtschule alle erfassen sollte. Sie setzte sich im 19. Jahrhundert durch.

Lichtenberg aber war ein kritischer Beobachter und Tagebuch-Kommentator, skeptisch gegen die lauten Stürmer und Dränger, gegen die politischen Revolutionäre und gegen die pädagogischen Heilsverkünder, gegen Rousseau, der seine Kinder vor die Tür eines Findelhauses legte. Lichtenberg systematisierte nicht, sondern traf punktuell mit Aphorismen.

> Diese ganze Lehre taugt nichts als darüber zu disputieren.
> Lichtenberg (I 708)

> Ich fürchte, unsere allzu sorgfältige Erziehung liefert uns Zwergobst.
> Lichtenberg (I 902)

Nietzsche widersetzte sich dem im 19. Jahrhundert aufkommenden Pädagogismus, dem Denken nur vom Kinde her, einer freien Erziehung zur Freiheit, indem er Zucht und Härte, Entbehrung und Selbstüberwindung zur Grundsätzen der Erziehung erhob, radikaler, jedenfalls theoretisch, als vordem der Turnvater Jahn. Die Jugendbünde nahmen die Thesen begeistert auf und setzten sie, gegen Elternhaus und Schule, in Taten um, nach dem Wahlspruch: „Gelobt sei, was hart macht!" (Nietzsche)

„... die Mühen der Ebenen ..." (Brecht)

> Wo Kinder sind, da ist ein goldenes Zeitalter.
> Novalis (II 273)

Dem Kind spricht Novalis etwas Engelhaftes zu, das der Welt das Paradies wiederbringen könnte. Ihm selbst blieb dies versagt; seine Braut Sophie von Kühn starb im Alter von 15 Jahren (1797), er selbst mit 29 vier Jahre später (1801), beide an Tuberkulose. Des Novalis Projektion vom irdischen Paradies durch Kinder durfte Idee bleiben.

Nüchterner sehen wir, wenn wir sagen, dass Zukunft hat, wer Kinder hat, aber die Weise und Qualität der Zukunft offen lassen müssen. Zukunft entsteht jedenfalls nicht dadurch, dass kinderlose Minister/innen Milliarden sozial für Kinder einsetzen und zugleich künftige Generationen nicht mit untilgbaren Etat-Schulden belasten wollen. Die Widersprüche sind eklatant und erlauben, wie in Generations- und Erziehungsverhältnissen überhaupt, keine schnellen und einfachen Lösungen. Das war so, seit Kinder wert schienen, dass man sich über Erziehung Gedanken machte. Eine Stimme aus dem 17. Jahrhundert:

Es ist eine übertriebene Zuversicht der Eltern, alles von der guten Erziehung ihrer Kinder zu erwarten, und ein großer Irrtum, gar nichts davon zu erwarten und sie deshalb zu vernachlässigen.

La Bruyère (WL 2009, 29)

Die Ambivalenz ist unvermeidlich und muss immer wieder elastisch aus Polaritäten abgeleitet und gelöst werden, im erzieherischen Einzelverhältnis wie in organisierter Erziehung. Die Weitergabe des Lebens von Generation zu Generation, der Grundlagen und Traditionen, ist so notwendig wie schwierig. So wundert es und wundert auch nicht, dass ein jüngerer Zeitgenosse wie Botho Strauß an undistanzierten unverrückbaren Grundhaltungen festhält: „Jedes Tabu ist besser als ein zerstörtes" (DA 2010, 279). Im Volksmund oder im jüdischen Sprichwort wusste man das immer schon.

Kinder zu haben ist leichter als Kinder zu erziehen.

Jüd. Sprichwort (Gröz. 2010, 62)

Zeitgenossen im 19. Jahrhundert wiesen darauf hin:

Väter haben viel zu tun, um es wieder gut zu machen, dass sie Söhne haben.

Nietzsche (KSA 2222, 266)

Verwöhnte Kinder sind die unglücklichsten; sie lernen schon in jungen Jahren die Leiden des Tyrannen kennen. Ebner-Eschenbach (II 28)

Die Elternperspektive soll auf den Lebensweg des Kindes vorausschauen, um das Kind sinnvoll zu sozialisieren. Die Kinderperspektive aber wäre, dass Kinder sich weder Zeit noch Schicht und Milieu, vor allem nicht die Eltern, die entscheidend sind, aussuchen können.

Wer geboren wird, ist auf seine Eltern hereingefallen.

Kessel (DA ²1994, 269)

Der Aphorismus erhellt blitzartig das Ausgeliefertsein des Kindes. Eltern und Kinder sind einander Schicksal. Das Zusammenleben erfordert Redlichkeit und Achtung von beiden Seiten, Angemessenheit und Hilfsbereitschaft. Das Kind ist nicht nur der nehmende, akzeptierende Teil. Kindsein ist eine Aufgabe wie Elternsein, nur dass letzteres viel bewusster geschieht, oft mit zu vielen Idealen, Prinzipien, Vorsätzen. Verantwortungsbewusstsein belastet, mehr noch, wenn zwischen Kind und Erzieher ein Amt sich schiebt. Nicht das Fürsorgeamt, nein, dass der Erzieher seine Tätigkeit als Amt, also beamtet, ausübt. Kessels ungewöhnlicher Aphorismus löst Reflexionen auf das erzieherische Grundverhältnis aus.

Vergessen wir nicht: Wir alle waren und sind Kinder.

A. W. 26.1.2011

Relativitäten

Aphorismen entlarven, wenn man sie gegenüberstellt, verhärtete Vorurteile, verfestigte Meinungen und verhüllte Widersprüche. Wenn „Erziehung Erziehung zur Freiheit ist" (Börne; DA 2010, 59), oder „hauptsächlich aus dem bestünde, was wir uns abgewöhnt haben" (Twain, WL 2009, 109), fragt sich doch, welche Freiheit gemeint ist und wovon diese Freiheit frei macht. Börne meinte konstitutional-demokratische Freiheiten gegen den späten Absolutismus und formulierte ein politisches Schlagwort. Eine radikale liberale Erziehung widerspricht indes der Grundlegung positiver Kenntnisse und verbindlicher Werte, auch dem Wortsinn; denn Erziehen hat mit Hinaufziehen, mit Zögling, ja Zucht zu tun, bis zum negativen Züchtigen. Schulzucht ist als Begriff heute verpönt, ebenso wie das Wort Disziplin, aber ebendiese ist eine Notwendigkeit, vielleicht sogar, wenn sie von innen und aus Einsicht kommt, eine Tugend. Tugenden aber sind veraltet, Relikte aus dem 18. oder 19. Jahrhundert.

Auch Twains These des Abgewöhnens als Erziehung setzt voraus, dass Abzugewöhnendes aufgebaut und vorhanden war und dass wirklich das Entbehrliche, Verkehrte, Falsche abgewöhnt wurde. Wäre, was übrig bleibt, das Bleibende?

Auch „Glück" ist ein fragwürdiges Erziehungsziel, das Erziehende annehmen und setzen. Könnte das Glück eines Kindes nicht auch darin bestehen, nicht erzogen zu werden, nicht lernen zu müssen? Generelle Zielprojektionen auf <u>das</u> Kind, das doch immer ein einzelnes ist, eben Kind unter Kindern, verfehlen den Bezug.

> Das Glück des Kindes ist ebenso sehr ein Mythos wie das Glück der Hyperboreer, von dem die Griechen erzählen …
>
> Nietzsche (KSA 2222, 666)

Glück schafft nicht die dauernde, trost-lose Belehrung (Lichtenberg, I 603), nicht Geist tötender Schematismus, eher gemeinsame Arbeit an einer Sache, wenn dies nicht zu angelernter Gebärde wird.

> Im Willen zur Sache erwächst Haltung. Aus dem Willen zur Haltung erwächst Pose.
>
> L. Strauß (DA 2010, 174)

Erziehung geschieht durch Menschen an Menschen, und das Menschliche ist relativ.

> Es wird der Erziehung nie gelingen, das Höchste zu erreichen, doch vielleicht gelingt es ihr, das Niedrigste zu verhindern.
>
> Gómez Dávila (WL 2009, 201)

Verstehen wir die Definition ex negativo so, dass Erziehung eine Art Sicherheitsnetz über Abgründen wäre, ihrer Grenzen bewusst.

> Man kann aus einem Wischlappen keinen Funken schlagen.
>
> Kaiser (DA ²1994, 235)

Zumal wenn Erzieher oder Zögling selbst Waschlappen sind. Oder ein tyrannischer Tugendbold.

> Alle unsere Erziehung geht dahin, Lebendiges zu unterdrücken. Sie bestraft man und ihr Mangel heißt Tugend.
>
> Einsiedel (DA 2010, 34)

Aphorismen der verschiedenen Autoren fordern auf, Erziehung, wie nach Moltke die Strategie, als ein System von Aushilfen zu verstehen, elastisch von Mensch zu Mensch, personalisiert und personalisierend, ohne Vorbehalte, zukunftsgerichtet und nicht planlos, aber der Gegenwart angepasst und im Augenblick flexibel geübt. Zeugende Funken entspringen der Unmittelbarkeit wie Näherung an Ziele einer verständnisvoll fordernden Ausdauer. Aphorismen befreien Denken von Systemzwängen, indem sie die repetierte „Unmittelbarkeit" organisierter Erziehung sichtbar machen, also ihre Scheinunmittelbarkeit.

Non scolae ...

In dem Gefängnis von anthropologisch-pädagogischen Ideen, von Erziehungstheorien und Schulorganisationen, von Stoff- und Stundenplänen, von Tests und Benotungen, von Stoffwechseln im 45-Minuten-Takt, in derart unfreier Welt begegnen sich Kinder und Erzieher, Schüler und Lehrer, Schüler und Schüler. Zwischen ihnen geschieht oder soll sich ereignen der erzieherische Augenblick, in dem Geist fruchtbar wird durch Erkenntnis eines Sachverhaltes und den beiderseitigen Horizont weitet, der nun weiter reicht und tiefer lotet, bei beiden, auch den des Erziehers bzw. Lehrers. Er muss aber den Vorgang durchleuchten und diagnostizieren, und er darf den Gewinn einbringen. Auch er versteht die Sache nun besser.

> Lehren heißt zweimal lernen
>
> Joubert (WL 2009, 62)

Die These stammt aus dem pädagogischen Denken der Aufklärung über den Lehrer, seinem real elenden und ideal erhabenen Dasein. Um den Lehrer geht es, um personale Nähe oder beamteten Dienst, um Eigenprofil und gesellschaftliche Position.

Das Problem, Privaterziehung oder öffentliche Pflichtschule, war virulent, aber nicht neu.

> Meinen Urgroßvater verdanke ich es, dass ich die öffentlichen Schulen nicht besuchen musste; gab er mir doch zu Hause gute Lehrer und ließ mich erkennen, dass man hierin unermüdlich sich verschwenden müsse.
>
> Marc Aurel (Selbstbetr. 1)

Gewiss: ein Sonderfall. War Marc Aurel doch einer der Adoptivkaiser (161-180) des 2. Jahrhunderts, die das *imperium Romanum* auf die Höhe führten und dort hielten. Fragen wir zurück, dann wären Antonius Pius, Hadrian und Trajan seine

Adoptivväter, -großväter und -urgroßväter gewesen. Eine stolze Reihe, auf die sich Marc Aurel berufen konnte; ich glaube annehmen zu dürfen, dass er sich in dieser Reihe sah, nicht in der seiner leiblichen Vorväter. Damit wäre die Besonderheit der Erziehung erkannt und anerkannt, nicht nur die einer Elite, sondern einer Ausnahmeerziehung.

Dass übrigens Goethe, die Humboldts oder Eichendorff privat erzogen wurden, und dass Herder, Hölderlin, Hegel, Schleiermacher u. a. auch Hofmeister, also Privatlehrer, waren, sei am Rande erwähnt.

Ob Privaterziehung oder öffentliche Schule: Entscheidend ist immer der personale Bezug auf die Person des Lehrers. Den muss man ausbilden, für seine Tätigkeit befähigen. Vieles lässt sich lernen. Aber der eigentliche Lehrer, der im Kern Erzieher ist, wird geboren, wie der geborene Mathematiker, Arzt oder Seelsorger. Ebendas meint Nietzsche.

> Wer von Grund aus Lehrer ist, nimmt alle Dinge nur in bezug auf seine Schüler ernst –
> sogar sich selbst. Nietzsche (Jenseits ... DA ²1994, 158)

Idealfall einer Grundeinstellung. Die Wirklichkeit sieht sich meist anders an. Das Amtsdenken steht dazwischen, das Denken in Begriffen, Klassen und Kategorien, auch in Noten, weniger in Werten und Qualitäten als in Wertungen und Qualifikationen. Vor dem Hintergrund von Amt und Organisation wird das Unzureichende der Person oft peinlich sichtbar. Denn der Lehrer steht ununterbrochen auf der Bühne. Schüler sehen, wie er spielt, und urteilen immerfort. Ein weites Feld für Aphoristiker.

Lichtenberg nimmt das lateinische Sprichwort *Non scolae sed vitae discimus* auf und verkehrt es unter Berufung auf Seneca.

> *Non vitae sed scolae discimus* ein herrlicher Spruch des Seneca, der auf unsere Zeiten
> passt. Lichtenberg (I 562)

Mit Seneca und Lichtenberg wäre die Fehlerziehung angeprangert, die Machthaber verüben, indem sie Machtziele als Erziehungsziele bemänteln.

> Lehrer-Komödie: Die Armut der Lehrer, während die Staaten Unsummen für die Wehrmacht hinauswerfen. Da sie aber nur Lehrer für 600 Mark sich leisten können, bleiben die Völker so dumm, dass sie sich Kriege für 60 Millionen leisten müssen.
> Morgenstern (DA ²1994, 194)

Lehrer leiden heute nicht mehr unter Armut, zumindest bei uns. Dennoch stimmt die Relation, wenn man die Kosten eines Kampfjets, von Atomraketen, Kampfpanzern, U-Booten oder Flugzeugträgern bedenkt.

Und dann die Erziehung zur Verwirklichung religiöser, nationaler, sozialer usw. Ziele, die Erziehung von Menschen als Klassen, Gattungen, Nationen usw., die jeweils mit Hochzielen den Einsatz des Lebens rechtfertigen.

Ein Schullehrer und Professor kann keine Individuen erziehen, er erzieht bloß Gattungen. Ein Gedanke, der sehr viel Beherzigung und Auseinandersetzung verdient.

Lichtenberg (I 663)

Und dazu die dünkelhafte Spaltung derer, die auf verschiedenen Ebenen an verschiedenen Stoffen unter verschiedenen Methoden verschiedene Altersstufen belehren.

Pädagogen an Schulen, Philologen an Gymnasien, Professoren an Hochschulen. Drei Stände. Und wo bleiben die Lehrer?

A. W. 26.12.2007

Wem Gott ein Amt gibt, gibt er auch Verstand – so das Sprichwort. Und wem Gott eine Ideologie gibt, fahren wir fort, gibt er auch Selbstbewusstsein und Besserwissen.

Eltern fangen immer bei ihrem Kind an, Pädagogen bei Adam und Eva.

A. W. 20.7.1996

Von Erziehung verstehen die am meisten, die – keine Kinder haben.

A. W. 20.3.2011

Der Widerspruch zwischen Einzelfall und Theorie, zwischen Alltag und Ideal, zwischen Gutmeinen und Organisation macht nachdenklich.

Wie auch immer: Der Lehrer steht im Zentrum, wie immer der Mensch Mitte ist. Er steht im Fadenkreuz der Zielfernrohre. Und der Aphoristiker bevorzugt die kritische Sicht. Will er doch Erkenntnis auslösen.

Wer sich an seine Kindheit nicht mehr deutlich erinnert, ist ein schlechter Erzieher.

Ebner-Eschenbach (IX 12)

Schule als Organisationsformen, Didaktiken und Methoden (z.B. Frontal- oder Gruppenunterricht?) spielt in Aphorismen keine Rolle. Nicht einmal die vordem umstrittene, heutzutage generelle Koeduktion, die als Konsequenz der Frauenemanzipation unter dem Postulat der Gleichheit durchgesetzt ist. Wie sollten auch Aphorismen die unleugbaren anthropologisch-biologischen, entwicklungspsychologischen und philosophischen Probleme kernhaft fassen, um Reflexionen überhaupt anzustoßen?

Unermüdliche Selbstreflexion, die immer auch neue Spontaneität auslöst, ließe sich aus den Zurufen der Aphoristiker heraushören. Und geistiges Wachstum durch Lernen im Lehren. Sollen Kinder wachsen, dürfen die Erzieher nicht verharren und stehen bleiben. Sie müssen sich bewegen, wenn sie bewegen wollen. Wenn nicht, dann besser keine Lehrer als schlechte. Dann aber sollte die jugendbewegte, scheinbar selbstgenügsame Maxime „Werde, der du bist!" zur Aufforderung werden: „Werde, der du werden kannst."

Recht: Freiheit oder Gleichheit

Probleme

Frei wovon oder frei wozu, fragte Nietzsche. Gleich: wer und wie? mit wem? Das Problem der Gleichheit scheint ebenso ungelöst oder unlösbar wie das der Freiheit. Sind die Geschlechter gleich? Jung und Alt? Reich und Arm? Religionen, Kulturen, Epochen? Letztere sollen, nach Ranke, zu Gott alle gleich nah sein. Und auf Erden?

Garantiert Recht Freiheit und Gleichheit? Gibt es ein Recht auf Freiheit, ein Recht auf Gleichheit, gar auf Brüderlichkeit? Widersprechen sich die Begriffe nicht, verhindern sie im Leben sich gegenseitig? Bedeutet Verrechtlichung nicht das Ende beider Ideen? Oder sondiert Recht den Ort zwischen der Polarität von Freiheit und Gleichheit, fixiert ihre Dialektik? Könnte Doppeldeutigkeit gültiges Recht für alle sein? Wer setzt Recht, wenn man es nicht mehr von Gott, seinen Geboten und Offenbarungen ableitet? Der Mächtige? Die Mehrheit? Was ist Mehrheit bei Wahlbeteiligungen weit unter 50% oder 60%? Macht eine Stimme Mehrheit Recht?

Fragen über Fragen. Man ist verleitet, auch hier von einem System von Aushilfen zu sprechen, die von Fall zu Fall greifen. Aber: Recht? Aphoristiker finden ein offenes weites Feld, das der Vorstöße harrt.

Gleichheit

Blättert man die Aphorismus-Anthologien durch, fällt auf, dass das Problem der Gleichheit unverhältnismäßig geringeren Anteil hat als das der Freiheit oder das des Rechts. Das lässt vermuten, dass Gleichheit nicht von ungefähr auch in der revolutionären Trias von 1789 an zweiter Stelle rangiert. Es ist das schwierigere Problem in Theorie und Praxis, schwieriger noch das der Brüderlichkeit. Gleichheit des von Natur Ungleichen begründet sich theoretisch und praktiziert sich schwerer als die These von der Freiheit. Das Gleichheitspostulat ist an der Wirklichkeit immer wieder gescheitert, wenn es radikal durchzuführen versucht wurde. Ohne Zwang lässt sich der Mensch nicht gleichmachen. Er weicht nach innen aus, wenn er öffentlich gleichgeschaltet wird, muss er gezwungen werden, und die ihn zwingen, sind nicht gleich mit ihm. Jede Kommune führt zu Diktatur, sei es die von Robespierre und Napoleon oder die von Lenin und Stalin. Aphoristische Denkanstöße laufen ins Leere und unterbleiben zumeist. Dennoch ist die These von der Gleichheit unverzichtbar, wenn sie sich fundamental als Gleichheit der Würde aller Menschen artikuliert und als Rechtsgleichheit geltendes Recht erstrebt, wobei im Alltag Situation, öffentliche Meinung, Anwälte und Geldmittel, Beziehungen und Gesetzeslücken relativierend wirken.

Man sollte Konservative, die sicherlich ihre eigene Position im Auge behielten, nicht als Reaktionäre abstempeln, wenn sie den Zeitgenossen den fundamentalen Widerspruch aufdeckten.

Eine Gleichheit und Freiheit festsetzen, so wie sie sich jetzt viele Menschen gedenken, das hieße ein elftes Gebot geben, wodurch die übrigen zehn aufgehoben würden.

Lichtenberg (II 427)

Gesetzgeber oder Revolutionäre, die Gleichheit und Freiheit zugleich versprechen, sind Phantasten oder Scharlatane.

Goethe (DA ²1994, 26)

Wer Gleichheit zu schaffen verstände, müsste der Natur Gewalt antun können.

Ebner-Eschenbach (IX 73)

Gleichheit und Freiheit halten sich in der Schwebe, erlauben keine radikalen und totalen Exekutionen. Wenn noch Freiheit bleibt, kann Gleichheit nicht absolut herrschen, wenn Gleichheit ins Feld geführt wird, kann Freiheit nicht entarten. Diese Dialektik zu begreifen und zu wahren, erfordert Sensibilität und Eintreten für das Rechte. Denn man kann weder Freiheit noch Gleichheit einklagen, noch weniger Brüderlichkeit, ohne diese Trias aufzuheben und aufzugeben.

Die Menschen sind weniger gleich als sie sagen und mehr als sie denken.

Gómez Dávila (WL 2009, 202)

Freiheit

Totale Freiheit bedeutet Anarchie und ist Chaos im Individuum wie in Familien, Staaten und Kulturen. Ordnung und Gesetz garantieren und schützen Freiheit, indem sie diese begrenzen und einschränken. Jeder, der frei sein will, muss auf Freiheiten verzichten. Grenzen setzen die Freiheiten anderer, klassisch formuliert in Kants kategorischem Imperativ. Freiheit fordert Verzichte; auch sie steht mit sich im Widerspruch. Ja, Disziplin erscheint gar als eine Bedingung und ein Zeichen von Freiheit. Freiheit als Folge von Selbstüberwindung und Selbstbeherrschung: unvereinbare Gegensätze?

Man ist nur frei, wenn man nichts will. Wozu will man frei sein?

Canetti (DA 2010, 216)

Unter den Masken der Freiheit ist die Disziplin die undurchdringlichste.

E. Jünger (DA 2010, 182)

Die Folge der durch Verzichte und Selbstüberwindung gewonnenen Freiheit ist eine innere Gelöstheit, die dankbar und freudig macht. Sie verändert das Dasein.

Heiterkeit ist immer das Anzeichen der Freiheit.

F. G. Jünger (DA ²1994, 268)

Die Freiheit zum Irrtum gehört zur Wahrheit der Freiheit.

Kudszus (DA 2010, 204)

Dem unfreien Menschen mangeln Wille und Kraft zur Selbstüberwindung. Er scheint glücklich, wenn er nicht denken, entschließen und verantworten muss, sondern gehorchen darf.

> Der Despotismus ist bequemer als die Freiheit, wie das Laster bequemer als die Tugend ist. Jacobi (DA ²1994, 21)

> Die glücklichen Sklaven sind die erbittertsten Feinde der Freiheit.
> Ebner-Eschenbach (IX 67)

> Die Tyrannei bricht oder stärkt das Individuum, die Freiheit verweichlicht es und macht es zum Hampelmann. Die Hölle ist für den Menschen heilsamer als das Paradies.
> Cioran (WL 2009, 198)

Das Rezept für Unterdrückung und Herrschaft jeder Art wird deutlich: Verantwortung dem einzelnen abzunehmen und ihn mit Genüssen belohnen, besser: bestrafen.

Freiheit ist ein geistiger Vorgang, der Haltung macht. Darum werden Glaubensfreiheit, Denkfreiheit, Gewissensfreiheit, Meinungsfreiheit gefordert, unkontrollierte, unzensierte Freiheiten. Sie sind so unverzichtbar für das Gedeihen des Individuums zur Person wie zur Bildung einer offenen Gesellschaft, aber gefährlich, wenn sie sich nicht selbst binden und kontrollieren. Das Problem der Freiheit wird als Gewissens- und Meinungsfreiheit, zumal als Presse- oder Medienfreiheit zum öffentlichen Problem, wenn Macht den Schein der Freiheit für eigene Zwecke nutzt.

> Gewissensfreiheit, ja, ja. Er meint die Freiheit, kein Gewissen zu haben.
> Ebner-Eschenbach (IX 114)

> Nach Pressefreiheit schreit niemand, als wer sie missbrauchen will.
> Goethe (DA ²1994, 26)

Nochmals: Goethe wandte sich gegen Parolen der Französischen Revolution, weil er für die Freiheit seines Weltverständnisses fürchtete. Aus dem Hosianna wird jäh ein Kreuzige ihn!, aus Medienfreiheit Mediendiktatur. Freiheit darf nicht zum Steigbügelhalter von Diktatoren benützt werden.

> Die öffentliche Meinung ist eine Gerichtsbarkeit, die ein rechter Mann nie ganz anerkennt und die er nie ablehnen soll. Chamfort (WL 2009, 38)

> Eine öffentliche Meinung gibt es nur dort, wo Ideen fehlen.
> Wilde (WL 2009, 128)

> Ist Meinungsfreiheit nicht die Freiheit, die „freie" Meinung der Medien nachzumeinen?
> A. W. 6.9.2010

Über das Problem, wessen Freiheit die Meinungsfreiheit begründet und sichert, hinaus wächst das Problem, wie man öffentliche Meinung testet, die man gemacht hat und macht, indem man testet. An der Scharnierenfrage „Was wäre, wenn nächsten Sonntag …" können wohl nur meinungs- und geldmachende Gazetten und einige ehrgeizige und nervenschwache Politiker interessiert sein. Welche Partei denkt von Sonntag zu Sonntag, und welche Regierung handelt von Woche zu Woche? Teams fangen Meinungen ein und sammeln als Belege zufällige Interviews von drei oder vier überraschten Passanten. Und wie man in den Wald ruft, so echot es zurück. Echot der Wald falsch, wiederholt man, bis das richtige Echo zurückhallt. Mittels Umfragezufälle wäre die öffentliche Meinung frei ermittelt. Sollten solche Verfahren sicher sein gegen Unseriositäten, Manipulationen und Plagiationen ihrer selbst?

Wissenschaftler bestehen darauf, dass die Dinge kompliziert und zu differenzieren seien, was auch für die Erzeugung und Feststellung öffentlicher Meinungen (Plural!) zutrifft. Das üblicherweise praktizierte Verfahren aber begünstigt Mediendiktatur durch Meinungsmanipulationen

> Meinungsforschung – Demokratie erhält sich vor allem dadurch am Leben, dass die Meinungen derer, die keine haben, ausgespielt werden zugunsten derer, die sie machen.
>
> Schweppenhäuser (DA 2010, 254)

Meinung, private wie öffentliche, ist schnell vergiftet und nur in langwierigen, mühsamen Klärprozessen zu entgiften, wie katastrophale Ölpesten und Atomverseuchungen, bis liquide Reinheit wiedergewonnen ist, das Vertrauen.

Fehlt die Kehrseite. Denn selbst Unfreiheiten tarnen sich durch Konsense von Freien, die gerade konform sind.

> Unter uns kann Nonkonformismus auf breiteste Zustimmung rechnen.
>
> Horstmann (DA 2010, 288)

Dieser Aphorismus zwingt durch sein Spannungsgefüge von breitester, zugleich aber nonkonformistischer Zustimmung zum Gegendeuten in das Entweder-Oder. Der Nonkonformist erfährt nie Zustimmung „breitester" Mehrheiten, und diese erkennen den einsamen Einzelnen nicht, dulden ihn nicht, schwemmen ihn weg: Denn er ist nicht mehrheitsfähig.

Enden wir die Überlegung mit der Erinnerung an zwei Kindermärchen, die hier aphoristisch verkoppelt sind.

> Es war einmal, dass zwei Igel einen Hasen zu Tode hetzten, noch nie aber war ein Hase, der eine gierige Meute gejagt oder verfolgt hätte.
>
> A. W. 4.3.2011

Recht

Strengstes Recht ist höchstes Unrecht.

Cicero, De officiis (Rana 94)

Der Widerspruch scheint vollkommen, die Aussage paradox, der Satz aufs Letzte konzentriert: In der Mitte der fünf Worte das „ist", also ein Ist-gleich, das die Gegenposition „Recht" und „Unrecht" in ein labiles, nein: stabiles Gleichgewicht setzt: Recht ist Unrecht. Die herausfordernde, provokative Unvereinbarkeit verschärfen die beiden superlativierten Adjektiva, die die These radikalisieren. Ein Satz wie dieser erweist den Autor als Meister der Rhetorik, einer polemischen politischen Rhetorik der Schlagworte und Schlagsätze.

Als Beispiel für „Rechtgefühl" wird häufig, auch seitens von Juristen, Kleists Figur des Michael Kohlhas bemüht. Aus seinem Gefühl von Recht, nicht nur aus Naturrecht, sondern aus gelebter Rechtlichkeit, steigert er sich in Kämpfe gegen Vertreter eines gesetzten Rechts, das korrumpiert und missbraucht wird. Seine gefühlte Rechts-Strenge schlägt um in getanes Un-Recht. Kohlhas scheitert und siegt, indem er sein Un-Recht einsieht und büßt.

Hörer und Leser erwarten, dass „strengstes Recht" auch „höchstes" Recht begründet und garantiert. Die negierende Vorsilbe Un- verkehrt den Sinn radikal. Gerade Recht, rücksichtslos und gnadenlos praktiziert, ohne Ansehen der Person, wäre zugleich und durch sich selbst das totale Gegenteil, als unüberbietbares Unrecht? Nicht nur Rechtsprechung, vor allem Rechtsbewusstsein und Rechtsvertrauen sind erschüttert, ja ad absurdum geführt.

Der Versuch einer Erklärung darf nicht von der Frage absehen, wer unter welchen Umständen zu einer derartigen Erkenntnis kommt und diese ausspricht und schriftlich festhält. Marcus Tullius Cicero (106-43 v. Chr.) ist nicht irgendwer, der irgendwann sich geäußert hat.

Nach der Vernichtung Karthagos im 3. Punischen Krieg (149 – 146) hatte die *res publica Romana* die Tür zum *imperium Romanum* aufgestoßen, das im folgenden Jahrhundert durch Caesar im Westen und Pompeius im Osten die Grenzen der Expansion erreichte. Der Übergang vom Stadtstaat (*urbs*) zum Weltreich (*orbis*) vollzog sich innenpolitisch unter schweren Auseinandersetzungen. Marius, Führer der Volkspartei, kämpfte gegen Sulla, der, während er im Senat sprach, als Diktator 8000 Gefangene niedermetzeln ließ. Die Gegensätze blieben. Dann wurde der Sklavenaufstand des Spartakus (73-71) blutig niedergeschlagen.

Cicero hatte Philosophie, Rhetorik und Jus studiert, bildete sich (79-77) in Griechenland fort und wurde einer der großen forensischen und politischen Redner. Er wollte die Wiederherstellung der *res publica*, wirkte als Quästor (75 in Sizilien), als Konsul (63) gegen Catilinas Verschwörung, als Statthalter Kilikiens (51/50) uneigennützig für den Staat, stand eher auf Seiten Pompeius gegen Caesar, begrüßte dessen Ermordung (44), an der er nicht beteiligt war, und wurde Opfer der Proskriptionen des Octavianus (Augustus).

Cicero verfasste eine Reihe philosophischer und staatspolitischer Schriften (z.B. *De re rublica*, *De legibus*, *De amicitia*, *De oratore*) in einem Latein, das als klassisch gilt. Durch Schullektüre blieb er über Jahrhunderte wirksam.

Wenn man Cicero auch Eitelkeit, Selbstüberschätzung und Unsicherheiten nachsagt, so hielt er doch am Ideal der *patria* in der Form der *res publica* fest. Die Geschichte ging darüber hinweg und führte in Caesarentum und Imperialismus. Das erklärt die Bitternis, die in seinen Schriften durchscheint.

Ciceros Aphorismus ist erwachsen aus der Erfahrung mit der römischen Machtpolitik des ersten vorchristlichen Jahrhunderts, und bringt die Verzweiflung des Politikers und forensischen Rhetors an der Möglichkeit des Rechts auf die knappste Formel.

Eine andere Lehre, nämlich die von Liebe, Gnade, Vergebung und Brüderlichkeit schien für das Zusammenleben der Menschen nötig und sie wurde als Botschaft Jesu ein Jahrhundert später durch Apostel bis nach Rom getragen. Sie war so notwendig für das Judentum wie für das römische Imperium. Es dürfte kein Zufall sein, dass Seneca damals ähnliche Gedanken von Frieden und Menschlichkeit niederschrieb. Die These eines Moraltheologen, „das Recht habe endlich die Liebe eingeholt" (oder auch die Liebe das Recht) entspräche der Lehre Christi und dem Wirken der Kirche, sie führt unausweichlich in unauslotbare Probleme: Kann man Liebe und Recht gleichsetzen? Wird Liebe zu Recht oder Recht zu Liebe? Gibt es ein Recht auf Liebe? Bindet das Recht die Liebe zu Wohlfahrtsgerechtigkeit? Wäre verrechtete Liebe noch Liebe und von Liebe bestimmtes Recht noch Recht? Wären beide durch Gnade vereinbar, die aber Recht aufhöbe, zwar Liebe andeute, aber minimiere?

Man darf die Spannungen von Recht und Liebe so wenig verwischen oder aufheben wie die von Recht und Unrecht. Jede Verabsolutierung führt ins Unmenschliche und zerstört Menschliches als Vermitteltheit. Begreift man Recht als irdisch und menschlich, kann es nur relativ gelten. Dann aber relativiert sich auch Unrecht. Beides gilt bedingt und ist modifizierbar, außerdem je historisch geformt. Verabsolutiert kann Recht Unrecht sein und Hölle auf Erden legitimieren.

> Die Hölle ist der Ort, an dem der Mensch alle seine Vorhaben verwirklicht findet.
>
> Gómez Dávila (WL 2009, 206)

> Gerechtigkeit ist nur in der Hölle, im Himmel ist Gnade, und auf Erden das Kreuz.
>
> Le Fort (DA ²1994, 233)

> In jeder direkten Beziehung zu Gott liegt Gefahr für die soziale Ordnung.
>
> Hauptmann (DA ²1994, 168)

Geoffenbartes und von Engeln verkündetes göttliches Recht (Moses, Mohammed) muss absolut sein und gelten. Jede Verletzung wäre ein Sakrileg, also Sünde. Höllenstrafen sollen Gerechtigkeit wiederherstellen und werden, dem Jenseits vorauseilend, schon im Diesseits vollzogen (durch Verbrennung, Steinigung, Kreuzigung usw.). Gnade ist dem Jüngsten Gericht zugeteilt oder zugeschrieben. Skulpturen an Domen und Gemälde auf Altären stellen das Endgericht eindringlich dar.

Das widerspricht der Auffassung vom Recht, das mit uns geboren ist, dem angeborenen Recht als Mensch und wird von der Jugend, vor allem der akademischen Jugend, von Generation zu Generation, ungestüm und revolutionär, eingefordert. Die Geschichte zeigt es anders, zeigt aber auch, dass ohne diese Impulse Rechtsgefühl und Rechtsbewusstsein erstarren und lebensfeindlich werden. Im „Faust" belehrt Mephisto den Schüler als Erstsemester eindringlich.

> Es erben sich Gesetz' und Rechte
> Wie eine ew'ge Krankheit fort;
> Sie schleppen von Geschlecht sich zum Geschlechte,
> Und rücken sacht von Ort zu Ort.
> Vernunft wird Unsinn, Wohltat Plage;
> Weh dir, dass du ein Enkel bist!
> Vom Rechte, das mit uns geboren ist,
> Von dem ist leider! nie die Frage.
>
> Goethe „Faust" (1972-1979)

Diese Universitätssatire überspitzt die Erstarrung des alten, kodifizierten Rechts. Der Teufel plädiert für das Naturrecht, wie es seinerzeit von Rousseau artikuliert wurde; er stiftet zu Revolution an. Jener Schüler aber wird die Relativitäten des Lebens nicht begreifen und noch im „Studierzimmer" des Zweiten Teils im Kritizismus verharren. Ihm mangelt die Erkenntnis des Rechts als Problem, die aus der Erfahrung resultiert.

> In der Jugend meinen wir, das Geringste, das die Menschen uns gewähren können, sei Gerechtigkeit. Im Alter erfahren wir, dass es das Höchste ist.
>
> Ebner-Eschenbach (IX 52)

Die Historizität des Rechts bedingt seine Relativität, die man als Individuum im Alter, als Gesellschaft in politischen und kulturellen Spätzeiten deutlicher wahrnimmt. Dem entspricht Gustav Radbruchs, des Rechtsgelehrten, überraschende Behauptung –

> Jede Zeit hat die Verbrecher, die sie verdient.
>
> Radbruch (DA [2]1994, 238)

– aber auch die widerstrebend angenommene These:

> Auch Terroristen besitzen Menschenwürde, also Rechte. Haben die Opfer darauf verzichtet?
>
> A. W. 27.12.2010

Nicht zuletzt der Tribut des Recht-Behaltens an die Vergänglichkeit eben dieses Rechts.

> Das Recht, das man behält, verjährt im Nu.
>
> Benyoëtz (Be 2009, 132)

Das problematische Recht auf Gleichheit kann im Diesseits nur für die Beendigung des Lebens gelten.

> Gleiche Rechte gibt es nur bei Toten und für Tote.
> Schröder (DA 2010, 142)

> Das Recht ist eine Regel, und Gleichheit ist eine Ausnahme von ihr.
> Butler (WL 2009, 19)

Im Trend des Lebens gelten Vor-Rechte, angeborene und angeeignete Privilegien, verbunden mit Vor-Urteilen.

> Der größte Feind des Rechtes ist das Vorrecht.
> Ebner-Eschenbach (IX 34)

> Recht häuft sich nicht, wohl aber Unrecht.
> Hauptmann (DA [2]1994, 168)

> Die Sonne der Fürstengunst hat mit der am Himmel gemein, dass die Menschen, die sie am wärmsten bestrahlt, gerade die schwärzesten sind.
> Grillparzer (DA [2]1994, 102)

> Recht ist Wichtigtuerei des Menschlichen vor der Moral.
> Emge (DA 2010, 161)

> Recht strebt zugleich nach Wirklichkeit hin wie von Wirklichkeit weg.
> Emge (DA 2010, 160)

> Das Recht denkt mit dem Willen und will mit dem Verstande.
> Emge (DA 2010, 161)

Die vorgängigen Aphorismen entlarven durch ihre Ambivalenzen von Idealen und Realitäten, von Natur- und positiven Rechten die Relativitäten irdischen Rechts und diesseitiger Rechtsausübungen, nicht nur, weil sie, eigennützig ausgelegt, zu Vorteilen missbraucht oder zu überheblicher Selbstdarstellung hochgespielt werden. In dubio pro reo räumt die Begrenztheit menschlichen Richtens ein und öffnet einen Ausweg. Denn Recht ist Idee und Praxis, praktizierte Idee.

Recht sollte, in der Spiegelung der Aphorismen nach der Weise eines redlichen Maklers, die großen Postulate von Gleichheit und Freiheit in eine erträgliche Balance bringen, sollte das Gute und Zukunftsfähige, vor allem den Schwächeren, schützen, ohne das Böse anzustacheln und zu fördern. Recht selbst darf nicht zu Unrecht werden. Es bedarf darum permanent der Kontrolle, vor allem der Selbstkontrolle, wenn es nicht zum Instrument der Mächtigen, in Privilegien und Rechtsbrüchen verkommen soll.

Die Aphorismen zum Recht zeigen auf. Lesen wir aber Heinz Pionteks „Geschichte: die Begleichung von Unrecht mit Unrecht" (1984, 304), müssen wir fürchten, dass sich in zwei Jahrtausenden seit Ciceros Kritik nichts geändert hat.

Politik und Krieg

Problem Verfassung

Als Napoleon, auf dem Gipfel seiner Macht, während des Fürstentages der im Rheinbund vereinten Fürsten Deutschlands zu Erfurt am 2.10.1808 gegenüber Goethe apodiktisch feststellte: „Politik ist das Schicksal" (zit. nach Sieburg 1962, 154) nannte er die Triebkraft der folgenden Jahrhunderte. Schicksalhafte Politik hatte es immer gegeben, Kriege zur Ausbreitung des Glaubens, zur Erringung von Macht und Vormacht, zu Gewinnung von Goldschätzen oder Raum. Sie wurden mit anderen Motiven verbrämt. Nun aber ging es um Macht an sich, zuerst um Vormacht zwischen Nationen, dann von Kulturen, dann von globalen Bündnissen, wiederum verbrämt mit Motivationen wie Freiheit und Demokratie, mit geradezu messianischen Ideen und Parolen. Der Kreuzzug für die Demokratie ist im Gang: für verfasste Demokratien mit freien Wahlen und repräsentativen Parlamenten, gewählten Regierungen auf Zeit und rechtsstaatlichen Sicherungen.

Verfassungen und Rechtsinstitutionen spielen ausschlaggebende Rollen. Mit Blick auf das Grundgesetz der BRD sagte ein juristischer Kollege, es sei die beste Verfassung, die Deutschland je hatte. Ich hielt mich zurück, weil ich meine, unser Land habe vergleichsweise wenig gute Verfassungen gehabt und auch das Grundgesetz entwicklungsfähig und verbesserungswürdig sei. Denn von Parteien, die vom Staat finanziert sind, aufgestellte Abgeordnete, ohne spezielle Qualifikationen, sie müssen Parteibeschlüssen und Programmen folgen, müssen Wunscherfüllungen versprechen, die sie nicht werden halten können, klammern sich an Finanzausstattungen, die sie selber beschließen, und sind als Personen für keinen Beschluss haftbar. Kriterien als Hürden für den Einzug ins Parlament gibt es nicht; keinesfalls dürften es solche des Zensus wie im preußischen Dreiklassenwahlrecht des 19. Jahrhunderts sein. Aber Erfahrungen durch Arbeit irgendwelcher Art und ein relatives Mindestalter müssten doch vorausgesetzt werden.

Kritik ließe sich fortschreiben. Doch immerhin hat diese Verfassung bisher in schwierigen Situationen funktioniert, auch dank durchdachter Urteile des Verfassungsgerichts, das aber auf dem Wege zu einer Oberinstanz der Regierung scheint. Schließlich: Ideale Verfassungen sind eben Ideen, stehen auf dem Papier, werden aber durch Menschen mit Horizonten, Perspektiven und Interessen realisiert.

Systemkritik ließe sich erweitern und erläutern, was systematisch geschehen müsste. Genau dazu aber sind Aphorismen nicht fähig. Sie vermögen nur punktuell anzustoßen und an Fällen das Nachdenken in Bewegung zu bringen. So wurden, meine ich, zu Politik, auch zu Medien, unproportional wenig Aphorismen verfasst, vielleicht, weil sie an verschanzten Stellungen oder an Panzern abprallen und für wirkungslos gelten. Dennoch soll von Fall zu Fall gesagt werden, was zu sagen wäre. Auch der kritische Aphorismus ist, wie die Wahlverweigerung, Politik.

> Leiden an der Politik ist auch aktive Politik.
>
> Kudszus (DA 2010, 203)

Die Erwartung einer Formel „passive Politik" wird konterkariert, wenn man Leiden als Aktivität bezeichnet. Man denkt nach und findet, dass Leiden bewusst auf sich zu nehmen einen Entschluss, damit eine Aktivität, darstellt. Demnach wären sogar Wähler und Nicht-Wähler aktive Politiker.

Parteilichkeit

Mit der Geburt werden uns Geschlecht, Zeit und Stand vorgegeben, damit auch ein Ort, der die Perspektive des Ichs festlegt und einen Horizont bestimmt. Niemand allein ist das Ganze, jeder nur Teil, *pars*, meinetwegen *pars pro toto*. Unvermeidlich:

> Leben heißt parteilich sein
>
> Hebbel (DA ²1994, 127)

> Die Unparteilichkeit ist artifiziell. Der Mensch ist immer parteilich und tut recht gut daran. Selbst Unparteilichkeit ist parteiisch. Er war von der Partei der Unparteiischen.
>
> Lichtenberg (I 59)

Der offenbar natürlichen Parteinahme steht die Reflexion entgegen, weil sie die Entschiedenheit untergräbt. Intellektuelle, besonders Philosophen und Literaten, sind in Parlamenten so gut wie nicht zu finden.

> Wer viel denkt, eignet sich nicht zum Parteimann: er denkt zu bald durch die Partei hindurch.
>
> Nietzsche (DA ²1994, 153)

Im Gegenteil: Politik verlangt Nimbus und Charisma, das sich zum Mythos der Sendung und der Unfehlbarkeit steigern kann.

> Politik ist Magie: Welcher die Mächte aufzurufen weiß, dem gehorchen sie.
>
> Hofmannsthal (DA 2010, 136)

Politik ist Kunst, mit tiefendimensionalen Elementen. Sie relativiert sich in der Praxis.

> Politik ist die Kunst, die Leute daran zu hindern, sich um das zu kümmern, was sie angeht.
>
> Valéry (WL 2009, 141)

> Politik ist nicht die Kunst, die besten Lösungen durchzusetzen, sondern die schlechtesten zu verhindern.
>
> Gómez Dávila (WL 2009, 203)

Scheinbar ambivalent: Eine „Kunst", die von Eigeninteressen ablenkt, um das Schlechtere zu verhindern. Widersprüche kommen zur Sprache.

> Es kann nicht alles ganz richtig sein in der Welt, weil die Menschen noch mit Betrügereien regiert werden müssen.
>
> Lichtenberg (I 145)

Einem Politiker, der die Wahrheit sagt, ist wohl auch sonst nicht zu trauen.

Petan (WL 2009, 218)

Der dumme Politiker bringt seine Feinde zum Schweigen; der kluge verleitet sie zum Reden.

Cybinski (DA 2010, 270)

Der Parlamentarismus ist die Kasernierung der politischen Prostitution.

Kraus (DA ²1994, 218)

Demokratie

Die Fiktion, alle Macht gehe vom Volke aus, wird vielleicht in Revolutionen für Augenblicke realisiert, in fixierten Kodierungen ist sie zwischen Paragraphen und Buchstaben weggesperrt. Wo weilt dann die Macht des Volkes?

Alle Macht geht vom Volke aus und kommt nie wieder zurück.

Laub (DA 2010, 250)

Vox populi – vox Dei – das wollen wir Gott denn doch nicht antun.

Hille (DA ²1994, 161)

Der Wechsel zwischen den Polen ist ein Naturgesetz, Ein- und Ausatmen, Systole und Diastole. Der Mensch als Naturwesen unterliegt der Veränderung. Keine Staatsform garantiert unveränderte Dauer, mehr oder weniger Stabilität in Völkern und Kulturen. Verfassungen und Demokratien sind nicht ewig. Macht verlockt zu Missbrauch, Korruption, Untätigkeit und Gewalt. Erstarrte Herrschaft wird gestürzt und erneuert, um wiederum zu erstarren. Macht schlägt um. Unterdrückte unterdrücken, sobald sie Macht haben. Demokraten stürzen Diktatoren und herrschen diktatorisch, um Demokratie zu festigen. Formen werden belassen und mit Etiketten beklebt.

Mit einer Diktatur kann man die Demokratie am wirksamsten durchsetzen.

Petan (WL 2009, 223)

Der Aphorismus lässt aufhorchen und nachdenken. Nur in seltenen Fällen leitet Diktatur zu Demokratie zurück, fast immer bleibt diktierte Demokratie Fassade. Die römische Demokratie hatte für den Fall höchster Bedrohung die Möglichkeit der Diktatur zugelassen, aber nur für ein halbes Jahr statt der Jahresfrist zweier Konsuln. Nur Demokraten schaffen und gestalten Demokratien in einem so historischen wie immer auch persönlichen Einsatz und Prozess. Demokratie kann nicht zwangsveranstaltet, nicht ex- und importiert werden, weil sie aus Kultur und Geschichte erwächst.

Gerechte Kriege?

Krieg wurde als Fortsetzung der Politik mit anderen Mitteln bezeichnet. Er bricht aus, in welcher Form auch immer, wenn streitbare Demokraten sich nicht in Kompromissen einigen oder ihre Staatsform als Heilmittel anderen übertragen und aufzwingen, vor allem aber, wenn Diktatoren und Imperien aus religiösen, wirtschaftlichen, historischen, persönlichen Gründen den Bereich ihrer Macht erweitern wollen. Dass Demokratien Kriege führen, widerspricht nicht ihrer inneren Konstellation so wenig wie den Erfahrungen aus alter und neuer Geschichte.

Es mochte überraschen, dass zu Politik relativ wenige Aphorismen vorliegen. Sie unterliegt einem beschleunigten und beschleunigenden Wandel. Das Thema Krieg verspricht keine vermehrte Ausbeute, wenn er eben als Fortsetzung der Politik mit anderen Mitteln verstanden und ausgelöst wird. Die Hochkonzentrationen von Mensch und Material in Wagnissen und Verlusten erlauben wenig Reflexionen, sondern rasche, überraschende Operationen mittels exakter, kurzer Befehle. Befehlssprache ist imperativisch, Aphorismensprache dialektisch.

Dennoch blinken aphoristische Blitze auf, die das Zusammenleben der Menschen anleuchten im Wechsel von Auseinandersetzung und Versöhnung. Alle Religionen gebieten Friedfertigkeit untereinander, besonders Jesu lehrte die Überwindung der Feindschaft durch Liebe. Die Realisierung des Ideals als Gebot erweist sich von Fall zu Fall unendlich schwieriger, weil sie den Einsatz der Existenz, Verzichte, ja Opfer fordert. Kriege sind schnell erklärt, Frieden gelingt oft nur nach langen, mühsamen Verhandlungen. Totale Kriege zielen auf totalen Sieg, auf Vernichtung. Friede wird dann diktiert den Überlebenden, die man in der Antike unbeschönt als Sklaven verkaufte. Doch:

> Über Opfer und Aufopferung denken die Opfertiere anders als die Zuschauer. Aber man hat sie von jeher nicht zu Wort kommen lassen.
>
> Nietzsche (DA 2010, 95)

Um Tötung, Versklavung, Zerstörung zu rechtfertigen, schrieben Sieger die Schuld meist den Besiegten zu, so Caesar wie Bismarck. Heiligten vordem die Priester die Kriege, so dass Glaubenskriege als heilige Kriege gesegnet wurden, setzten Renaissancefürsten in Italien auf das Recht des Stärkeren (Macchiavelli „Il principe" 1515), so versuchte man bei zunehmender Globalisierung der Machtinteressen gewisse Spielregeln als Kriegsrecht zu propagieren (Grotius „De iure belli ac pacis" 1625), wobei Verteidigungskriege und Präventionskriege als gerecht galten. Angriffs- und Eroberungskriege wurden darum künftig als präventive Maßnahmen inszeniert, die Kriegsschuld dem Feind zumanövriert. Nicht anders handelte Friedrich II. von Preußen, der in seinem „Antimacchiavelli" (1739) die nackte Machttheorie ablehnte, seine Angriffskriege aber mit Prävention bemäntelte.

Schuldig sind immer die anderen, die Bösen. Aphorismen vermögen das von den Siegern verbreitete Vorurteil von Fall zu Fall aufzuspießen und Reflexionen auszulösen, fast ausschließlich bei den Besiegten, während Sieger zu Sündenböcken die anderen als Schuldige benötigen. Die Welt übernimmt, was die Sieger sagen.

Niemals kann die Welt jenen vergeben, die nichts verschuldet haben.

Lec (WL 2009, 187)

Die Folgerung, verlorene Kriege können nicht gerecht gewesen sein, sonst wären sie nicht verloren worden, ist durchaus von Macchiavelli her gedacht. Wenn man das Leben als latenten Kriegszustand zwischen Menschen, Gruppen und Staaten ansieht, gebietet die Notwehr, schneller und rascher zu handeln als der Feind.

Im Krieg schießt man lieber schneller und einmal zuviel als einmal zuwenig.

A. W. 16.10.2005

Das Recht der Notwehr ist unbestritten. Aber: Wo setzt es ein?

Selbst das Recht der Notwehr wollte Jesus überwinden, indem er riet, nach einem Schlag auf eine Backe auch die andere darzubieten. Marc Aurel suchte dem Zirkel von Gewalt und Gegengewalt zu entkommen.

Die beste Art, sich zu wehren, ist: nicht Gleiches mit Gleichem zu vergelten.

Marc Aurel (Rana 65)

Die beste Art sich zu verteidigen, ist, nicht dasselbe zu tun wie der Angreifer.

Marc Aurel (Selbst… 90)

Räumt man Notwehr-Rechte ein, muss man auch einräumen, dass die Gefahr droht, diese Rechte könnten in Rache umschlagen, bis aus dem Zirkel von Gegen-Rache und „Erbfeindschaft" kein Entkommen möglich scheint. Diese Gefahren durchsichtig zu machen, vermögen Aphorismen durchaus.

Feinde

Hat jeder Mensch Feinde wie er Freunde hat? Liegt Feindschaft im Kern der zivilisationsverhüllten Raubtiernatur, ist sie anerzogen, von Vorurteilen und Fremdenfeindlichkeit genährt, zugespitzte Antipathie oder Ergebnis von Propaganda und Medientreibjagden? Fast unüberwindbarer Dauerzustand?

Ein wahrer Feind verlässt dich nie.

Lec (Gröz. 2010, 24)

Der Aphorismus unterstellt nichts weniger, als dass es „wahre" Feindschaft gäbe. Eine solche wäre aufrichtig, direkt, Auge in Auge, scharf unsere Schwächen und Fehler entlarvend. Kein Freund wird sich dies erlauben, will er nicht die Freundschaft aufs Spiel setzen. Vom Feind nehmen wir Schläge auf unseren Schild hin, lernen sie künftig zu vermeiden. Voraussetzung wäre allerdings Redlichkeit und Aufrichtigkeit auf beiden Seiten. Wenn einer ins Gewissen redet, was man zulässt und annimmt, handelt es sich dann eigentlich noch um Feindschaft? Was macht

Kontrahenten und Gegner zu Feinden? Doch wohl die Verschlossenheit, Starrheit in sich selbst. Unter diesen Auspizien müsste man einen Feind erfinden – auch in der eigenen Brust – wenn man keinen hätte. Ist ein solches Gegenüber existenznotwendig?

> Wer davon lebt, einen Feind zu bekämpfen, hat ein Interesse daran, dass er am Leben bleibt.
> Nietzsche (KSA 2222, 326)

Eine andere Möglichkeit des Umgehens mit Feinden wäre die Feindschaft zu unterlaufen, ihr durch Liebe, also Nicht-Feindschaft, den Boden zu entziehen, damit sie persönlich und öffentlich in sich zusammenfällt.

> Liebet eure Feinde, vielleicht schadet das ihrem Ruf.
> Lec (WL 2009, 187)

Liebe entwaffnet. Dennoch sollte sie nicht instrumentalisiert werden als Waffe, um zu schaden. Derartige „Liebe" ist nicht Liebe, denn diese ist selbstlos und uneigennützig, nicht auf Schaden abgestellt. Liebe überwindet Feindschaft, hebt sie auf, ohne Triumphe und Niederlagen. Wie das Gute nicht ohne die Gegenfolie des Bösen gedacht werden kann, so kann auch Feindschaft nur aus verhärteten Kontrasten entstehen. Wie Worte dabei täuschen, zeigt ein Aphorismus Lichtenbergs.

> Wir fressen einander nicht, wir schlachten uns bloß.
> Lichtenberg (II 440)

Ein entscheidendes, vielleicht <u>das</u> entscheidende Problem scheint zu sein, dass diejenigen, die als Diktatoren in einsamen Entschlüssen oder in Demokratien durch anonyme Mehrheiten Einsätze von Streit- (oder Polizei-) Kräften befehlen, sich selbst nicht diesem Notstand unterstellen, indem sie sich am Einsatz als Mitkämpfende an vorderster Front beteiligen und so den Ernst ihrer Beschlüsse bezeugen. Wer nicht vorangeht, bis zum Einsatz des Lebens, kann dies nicht von anderen fordern.

Aphorismen solcher Tendenz habe ich nicht gefunden.

Siege?

> Kein Sieger glaubt an Zufall.
> Nietzsche (WL 2009, 123)

Der Sieger hat immer recht. Er überlebt und schreibt Geschichte. Exemplarisch wird üblicherweise auf Caesar und Vercingetorix hingewiesen. Jeder Verlierer aber hat die Chance der Rechenschaft und Selbstkritik. Er könnte derjenige sein, der durch die Niederlage lernt, wie etwa die preußischen Reformer nach der Niederlage gegen Napoleon (1806). Versager ist der Verlierer, wenn er schuldhaft die Niederlage verursacht, seine Person schont und nicht Rechenschaft legt.

Dazu Solschenizyns Quintessenz: „Die Völker brauchen die Niederlagen, so wie der einzelne Mensch des Leids und der Not bedarf ..." („Der Archipel Gulag", 1974, 265)

Der General kämpfte bis zum letzten Mann. Dann kapitulierte er in aller Form.
A. W. 8.11.2010

Alle Siege werden davongetragen.
Benyoëtz (DA 2010, 264)

Ich kapituliere – aus Furcht vor dem Sieg.
Brudziński (WL 2009, 209)

Friede?

Was ist Friede? Innere Ruhe, Kriegslosigkeit, Grabesstille?
Friede muss errungen und erhalten werden. Kann man Frieden erkämpfen? Mit welchen Mitteln und Methoden?

Kriege gibt es überall, wo für den Frieden gekämpft wird.
Benyoëtz (WL 2009, 225)

Wäre denn Friede Vorwand für Krieg? Schafft Gewalt Frieden? „Friedens-Kämpfer" jagen geradezu dem Martyrium nach, dem Opfer für eine Sache.

Friedensliebe. – ein Friedlicher ist einer, der sich totschießen lässt, um zu beweisen, dass der andere der Aggressor gewesen ist.
L. Marcuse (DA 2010, 179)

Gegen den Dauerkrieg rund um den Globus muss etwas geschehen, wenn UNO (Sicherheitsrat), Bündnisse, Verträge usw. wirkungslos bleiben. Der Aktivist will irgendwo durch Beispiel am Frieden mitwirken. Mit gefesselten Händen. Denn er soll selbst Frieden wahren. Frieden kann nicht verordnet, nicht polizeilich, militärisch oder journalistisch erzwungen werden. Er geht vom einzelnen aus.

Frieden kannst du nur haben, wenn du ihn gibst.
Ebner-Eschenbach (IX 55)

Revolution

Auffallend wenige Aphorismen lassen sich auf das Thema Revolution ein. Ziele und Wege scheinen riskant, zuerst allgemeine Schlagwörter, dann blutige Radikalisierung. Revolution lässt sich nicht planen und kaum organisieren, das Vulkanische herrscht vor. Revolution verwirklicht Teilziele, beseitigt Bestehendes, ersetzt es durch Improvisationen, die Dauercharakter annehmen, reißt rechtsfreie Räume auf, putscht sich hoch bis sie in sich zusammenbricht und spült den Diktator auf den Thron, der mit Gewalt ordnet.

Wörtlich kommt Revolution von Rückwälzung her, natürlich ins Paradies, das mit ihr wiederkehren soll. Revolution ist aber wörtlich auch mit Revolver wurzelverwandt. Gewaltsame Rückwendung? Erneuertes Vorvorgestern?

Revolution scheint Explosion blinder Ideologie, die neue Formen finden muss, keine organische Metamorphose, versuchte Weltveränderung, die nicht bei den Revolutionären selbst beginnt. Wer die reale Welt nicht kennt oder diese ignoriert, will sie verändern, um jeden Preis, und den kennt er nicht.

> Die Welt verändern wollen nur jene, die nicht den Mut haben, sie zu beschreiben.
> Eisenreich (DA 2010, 247)

Habgier motiviert, erwächst aus einem Gefühl notorischer Ungerechtigkeiten, die nicht überwindbar scheinen, weil die Einsicht der Mächtigen fehlt; Erkenntnis erstarrt und Besitz korrumpiert. Revolutionäre bedienen sich der gewonnenen materiellen Güter, die Macht bedeuten, als gerechte Entschädigungen für Entbehrungen, Verluste und Opfer.

> Revolution? Der Besitz wechselt die Taschen.
> Kaiser (DA ²1994, 230)

Macht und Besitz korrumpieren erneut, und so folgt Revolution der Revolution.

Revolution fordert Blut und Opfer, und frisst schließlich ihre Kinder. Idealistische Fanatiker machen Revolution – Nutznießer sind andere.

> Von einer Idee kann man ganz gut leben – vorausgesetzt, dass andere dafür sterben.
> Petan (WL 2009, 218)

Revolutionen scheitern wohl eher an dem Versuch, Gleichheit durchzusetzen als Freiheit zu gewinnen. Denn Freiheit lässt sich in Schritten erreichen. Aber Gleichheit wird immer mit Freiheit bezahlt. Zunächst scheint die Ambivalenz revolutionärer Veränderung auf.

> Ich kann freilich nicht sagen, ob es besser werden wird, wenn es anders wird, aber so viel kann ich sagen, es muss anders werden, wenn es gut werden soll.
> Lichtenberg (II 450)

Indem Revolutionäre durch die eroberte Macht sich selbst bedienen, heben sie das Postulat der Gleichheit auf, und erstarren in dem und als das, was sie bekämpfen. Man richtet sich ein.

> Endet die Revolution mit dem Sieg, endet mit dem Sieg die Revolution.
> Laub (DA 2010, 251)

Die Masse der Funktionäre ist die erstarrte Lava der Revolution.

Kasper (DA 2010, 235)

Das Bild von der Lava trifft. Es erinnert an glühendes Magma, an vernichtenden Ausbruch, an erstickende Dämpfe, erstarrte Lava, aber auch an künftige Fruchtbarkeit, wenn lange Zeiten vergehen. Die vorigen Zustände werden wiedergewonnen. Verändern kann sich nur der Einzelne. Wenn überhaupt. Also:

Glücklich die Revolutionäre, die den Triumph der Revolution nicht erleben.

Gómez Dávila (WL 2009, 202)

Revolutionär wird der sein, der sich selbst revolutionieren kann.

Wittgenstein (DA 2010, 166)

Geschichte

Geschehenes ist unwiederbringlich vergangen, wird aber erinnert, perspektivisch berichtet und perspektivisch interpretiert. Hermeneutik gebietet den Ort des Interpreten zu umschreiben, Relationen aufzuhellen, Relativitäten durchsichtig zu machen. Der Geschichtsschreiber ist als Koproduzent immer auch Teilhaber, ja Teil der Geschichte. Aus ihr gibt es keinen Ausstieg. Geschichte ließe sich beschreiben als exzerpierte, selektierte, reflektierte, perspektivierte, kontinuierte, erinnerte, in Sprache (oder Medien) gefasste Vergangenheit, eine entworfene und ausgestaltete Sphäre über, nach oder hinter den Dingen und Taten, die gewesen sind. Die kritische Frage, könnte es so und nicht auch anders gewesen sein, begleitet immer.

Zwei Fehlhaltungen gegenüber der Geschichte kreuzen sich: das Verachten der Tradition, vor allem der, die schmerzt, als unmodern, lebensfeindlich und hinderlich – und dagegen das Versteinern des Vergangenen in Museen fast jeglicher Sach- und Interessenrichtung. Museen gibt es für alles, was nicht vergessen werden sollte. Für die Studien aller Museen reicht vermutlich ein Leben nicht aus, ausschließliche Rückgewandtheit verhindert Leben jetzt.

Das Heute besteht der nicht, der nichts vom Gestern weiß. Und der nicht ans Übermorgen denkt, besteht das Morgen nicht.

A. W. 4.11.2010

Der je durch seine Zeit bestimmte Zeitgenosse, für den Weltgeschichte weder „Weltgericht" (Schiller) noch „Wahrheit" (Lukács) sein können, steht im inneren Kontext des Geistes, der sich in Sprache ausdrückt, und im äußeren eines Schicksals, das in Weltgeschichte eingeht. Auf die Optik kommt es an.

Innerhalb einer Epoche gibt es keinen Standpunkt, eine Epoche zu betrachten.

Goethe (DA ²1994, 36)

Wir sind immer Schicksalsgenossen, und das *cuius regio eius religio* (von 1555/1648) ergänzt sich durch *eius constitutio, eius lingua, eius natio, eius oeconomia, eius ordo civilis* – und dieses Allround-Bestimmtsein reizt zu Ausbruch und Flucht, in andere Traditionen und Räume oder ins Nichts. Die Flucht ins Geschichtslose ist so Heimat- wie Selbstverlust. Sie scheitert, wie Weltmacht scheitert: an sich und an der Welt.

> Von guten alten Zeiten ist in guten alten Zeiten nichts zu lesen.
> Petan (WL 2009, 217)

Zeitflucht gleicht Raumflucht; denn Zeit und Raum bedingen sich. Diesen Koordinaten der Vergänglichkeit entkommt niemand, ob er sie leugnet oder nicht.

Vergänglichkeit als Vergangenheit und Zukunft korrelieren. Wissen um Vergangenes belastet auch Kommendes. Ein Aphorismus kehrt dies um: Das Wissen dessen, was kommt, würde die Fehler verschärfen, in dem, was gewesen ist.

> Wenn du von der Zukunft mehr wüsstest, wäre die Vergangenheit noch schwerer.
> Canetti (DA 2010, 214)

Aphoristiker sind selten Historiker, die Fälle untersuchen, beschreiben und in Zusammenhänge bringen. Geschichte geschieht Tag für Tag. Ihre Schnelllebigkeit lässt sich selten sogleich im Grundsätzlichen anpflocken, über das anhand des Falles nachzudenken wäre. Wissen davon belastet und entlastet zugleich.

Medien und Märkte

Macht der Medien

Vergessen wir nicht, welche Macht die neuen Medien in der Reformation ausübten. Die Erfindung des Buchdrucks mit beweglichen Lettern durch Johann Gutenberg (1450), die Beweglichkeit, Kombinations- und Reproduktionsmöglichkeiten gegenüber dem Abschreiben von Texten bisher, ins Vielfache, Vieltausendfache steigerten, verbreitete Luthers theologisches Denken durch Flugblätter und Streitschriften wie Lauffeuer über die deutschen Lande. Es folgten Bücher, voran die Bibel in Deutsch; sie gehörte in jeden evangelischen Haushalt, an ihr lernte man Lesen und Schreiben. Technik potenzierte die Macht von Ideen in unerhörter Weise. Auf der zunehmenden Lesefähigkeit basiert die Popularaufklärung, die in der zweiten Hälfte des 18. Jahrhunderts die Zahl der Leser vervielfachte, eine Leserevolution, die die Produktion deutscher säkularer Bücher ungeheuer steigerte und mit dem Lesepublikum die neue Literatur hervorrief, zugleich Verlage (z. B. Cotta), Zeitungen und Zeitschriften wirtschaftlich trug. Mit der Tageszeitung (voraus Cottas Augsburger Allgemeine Zeitung) war die Presse geschaffen, deren Verbreitung und Macht im 19. Jahrhundert wuchs und wuchs durch Artikulation liberaler Positionen, stets mit der Forderung politischer Freiheiten (Demokratie, Parlamente, Verfassungen) und nach persönlichen Freiheiten (Toleranz, Erziehung, Meinung) verbunden. Meinungsfreiheit bedeutete für die Presse immer die Freiheit des Denkens und Sprechens der einzelnen, vor allem aber die Freiheit der Presse gegen die Zensur des Staates, bedeutete die Forderung nach unbeschränkter Freiheit der Veröffentlichung und Verbreitung der eigenen, d. h. der Meinung der Herausgeber und Redakteure. Während sie den absoluten Herrscher und autoritären Staat beschränken wollte (und will), beanspruchte sie für sich stets unbeschränkte Freiheit, damit Macht über die politischen Meinungen, nicht zuletzt auch wirtschaftliche Macht, was Konkurrent um Konkurrent in den Ring rief. Konkurrenz und Selbstkontrolle können Macht begrenzen, müssen es aber nicht, wenn Kartelle und juristische Finessen Schutzwälle und Stolperdrähte installieren. Und: Wie sollten Presse und Medien Macht missbrauchen, da sie doch frei sind, folglich keine Macht haben? Aber:

> Ihr jubelt über die Macht der Presse – graut euch nie vor ihrer Tyrannei?
> Ebner-Eschenbach (IX 70)

Macht der Freiheit wurde und ist Freiheit der Macht. In jeder Abwehr von Zensur oder Kontrolle geht es um Verteidigung der journalistischen Macht, die politische Macht ist. Denn Medien machen Politiker wie Politiker Medien füttern. Beide brauchen sich: Der Politiker die „gute Presse", die ihn stützt und populär macht, der Journalist den unkontrollierten Raum, den der Politiker schützt. Funktioniert die stillschweigende Allianz, wird man in höchste Ämter emporgetragen, bricht sie, genügen auch kleinste Fehler, einen Politiker als „angeschlagen" zu markieren, was bis zu Jagd und Abschuss eskaliert, aber auch abgelassen und beigelegt werden kann. Es ist und bleibt ein Spiel um Macht: nebeneinander, miteinander, gegeneinander.

Das Machtspiel reicht heutzutage in alle Wohnzimmer mittels der audiovisuellen Medien, seit der anschwellenden neuen technischen Revolution der elektrischen und elektronischen Techniken, der satellitengestützten globalen Wort- und Bildnetze, der offenen Zugriffe ins Internet. Anno dazumal kamen Nachrichten per Brief oder Bote ins Haus und erlaubten Distanz der Entgegennahme wie der Antwort. Heute fällt man per Fax oder Bildtelefon unvermittelt in die Stube, in Jacke und Hose. Der Getroffene hat keine Wahl, er ist gewählt. Man könnte von Einbruch in die Privatsphäre sprechen, von Hausfriedensbruch, Überrumpelung aus dem Unbekannten. Allein, das alles war vorbereitet, organisiert und ausdrücklich gewollt. Medien nehmen diese Meinungsfreiheit bis in Innensphären wahr und nutzen sie mit Reklame und unterschwelliger Meinungsbeeinflussung professionell aus.

In Diktaturen, die Parteien gleichschalten und die Justizhoheit in Dienst nehmen, dienen alle Medien den Machthabern. In Demokratien westlichen Zuschnitts machen Medien Politik durch Nachrichtenauswahl, Wiederholungen, indirekte Anspielungen (wie vermutlich, angeschlagen, einfahren usw.) und Vorverurteilungen, die fast immer vorher abgesichert werden, dass der Fall offen sei und man nicht vorverurteilen dürfe. Und dann sitzt man per Diskussion zu Gericht über Verantwortliche, ohne selbst Verantwortung zu tragen. Manipulierte Meinung beansprucht Meinungsfreiheit für sich. Und wer unterschiede dies? Keinesfalls Zensoren. Die meist akademischen Vorbildungen von Journalisten können und dürfen wohl von keiner Instanz geprüft werden, während Verwaltungsbeamte, Richter oder Lehrer sich immerhin in Staatsexamina ausweisen müssen für Berufe, von denen erheblich weniger Macht ausgeht. Das Problem wird fundamental, wenn man jedem Menschen Ort, Standpunkt und Perspektive zubilligt. Keiner kann ohne sein Ich und die ihm gegebenen Koordinaten arbeiten und schreiben. Der Literat, nicht zuletzt der Journalist, braucht sein Ich als Resonanzraum der Welt. Freiheit scheint unverzichtbar. Jedoch: *Le style est l'homme.*

... tagtäglich ...

Journalisten schreiben oder reden für den Tag, immer auf der Jagd nach dem Neuesten, am besten nach dem Neuen von morgen.

Die Arbeit gilt dem Tag, unerwartet, kaum vorzubereiten. Und der Tag ist morgen vorbei und übermorgen vergessen, es sei denn, bestimmte Probleme und Personen sollen im Blickfeld bleiben, dann wiederholt man sich ohne Kenntniszuwachs und scheint dadurch Wahrheit zu garantieren. Gerade das Eintagsfliegenhafte, die rastlose Arbeit für den Tag (*le jour*), verleitet zu Flüchtigkeit, zu sorglosen, zufälligen, unpräsentativen Recherchen, zu Sprachschablonen wie „abkupfern", „vermutlich", „größte aller Zeiten ...", was an Hitler als den „größten Feldherrn aller Zeiten" = „Gröfaz" erinnert; „alle Zeiten" aber sind hoffentlich noch lange nicht vorüber.

Die Bestätigung der veröffentlichten Meinung wird demoskopisch eingeholt und statistisch zwingend diagrammiert. Der Zufallscharakter von Blitzumfragen und Zufallsreportagen scheint durch Personalität im Bild berichtigt. Und Statistik kann kaum widerlegt werden.

> Die Statistik ist das Märchen der Vernunft.
>
> Kessel (DA 2010, 194)

Demoskopie und Statistik sind wie Strahlenwaffen der Meinungsmacher.

Dem täglichen Zeitdruck (Flut von Informationen, Zeilen- oder Minutenvorgaben, Redaktionsschluss oder Sendetermin) sind nur wortgewandte, horizontgeweitete, entscheidungsfähige Redakteure und Reporter gewachsen, die auf dem (täglich) Laufenden sein müssen. Wie Journalisten verantwortungs-los mit (vor allem) politischen Informationen umgehen, so verantwortungslos steht ihnen der Abnehmer der News gegenüber, der aber oft nur das dünne Ergebnis erfährt und nichts von dem Dahinter und Davor.

Journalisten müssen auf ihre Arbeit aufmerksam machen. Sie sind Propagandisten in eigener Sache, die über Methoden und Techniken der Infiltration verfügen. Jede Druckseite, jede Bilderfolge, jedes Interview ist durchgestaltet und modellhaft präsentiert. Dagegen anzudenken ist schwer. Auch für Aphoristiker.

> Während ein Feuerwerk abgebrannt wird, sieht niemand nach dem gestirnten Himmel.
>
> Ebner-Eschenbach (IX 66)

> Nichts an unserer Neuen Zeit scheint mir so neu zu sein, wie der Lärm, den sie macht.
>
> Waggerl (DA ²1994, 265)

> Die Zeitungsschreiber haben sich ein hölzernes Kapellchen erbaut, das sie auch den Tempel des Ruhms nennen, worin sie den ganzen Tag Porträte anschlagen und abnehmen und ein Gehämmer machen, dass man sein eigenes Wort nicht versteht.
>
> Lichtenberg (I 247)

Unumgänglich: Klappern gehört zum Gewerbe, zu Werbung und Propaganda. Man will sich inszenieren, etwas bewegen, selbstverständlich verdienen (Auflagenhöhen, Einschaltquoten), anstatt zu informieren, durch den Versuch der Objektivierung. Oder auch nur bereden und überreden, ohne eigentlichen Gehalt.

> Keinen Gedanken haben und ihn ausdrücken können – das macht den Journalisten.
>
> Kraus (DA ²1994, 223)

Öffentliche Meinung

> Nichts wirkt sich für uns schlimmer aus, als wenn wir die öffentliche Meinung zur Richtschnur nehmen.
>
> Seneca (Sen 82)

Die öffentliche Meinung ist die Dirne unter den Meinungen.

Ebner-Eschenbach (IX 73)

Öffentliche Meinung entsteht durch veröffentlichte Meinung, und ist jedermann frei, der sie kaufen kann. Sie kann derart vorherrschen, dass sie, internalisiert, als eigene Meinung ausgegeben und vertreten wird.

Auch Talkshows zeigen bestenfalls Probleme auf, lösen sie aber nicht. Das Wiederkauen von *loci communes* macht die Standpunkte allgemein bekannter, entschärft manchmal Gegensätze und nimmt Druck aus überhitzten Oppositionen. Das gilt für den Fächer journalistischer Spezialisierungen, die alle mehr informieren und berichten, als Meinungen und Urteile aufdrängen sollen. Zwei Beispiele:

Auch christliche Journalisten sind Journalisten.

A. W. 7.10.2010

Literaturkritik ist Journalistik und nicht Literatur, so wenig Literaturpolitik Literatur, sondern Politik ist.

A. W. 30.9.2008

Etwas allerdings müssten verantwortungsbewusste Chefredakteure, Programmdirektoren, Sendeleiter oder Intendanten radikal ausschließen, dass Medien, öffentliche gebührenpflichtige Medien, sich zu Spielhöllen vor Glücksrädern oder Banknotenstapeln degradieren. Sie verspielen leichtfertig und mit stolzer Brust öffentliche Gelder, und selbst wenn diese privaten Ursprungs wären, verdienten sie in bessere Kanäle geleitet zu werden: Beihilfe zur Ansteckung von Sucht.

Macht plus Geld

Markt und Geld scheinen zwar, sind jedoch nicht identisch. Markt produziert und verkauft, rechnet mit Geld und rechnet um in Geld. Geld produziert sich selbst, leiht aus und arbeitet mittels Krediten, rechnet nach Kontoständen in Plus und Minus. Die Spielregeln des Marktes sind offener, durchschaubarer, die des Geldes schwieriger, undurchsichtiger, sie benötigen Vertrauen an Glaubwürdigkeit (von lat. *credere* leiten sich Credo und Kredit ab), ökonomische Kenntnisse, psychologisches Sensorium und gesunden Instinkt. Das gewagtere Spiel ist Umgang und Verkehr mit viel Geld, was sich als Finanzmarkt den Märkten zuordnet, aber durch vabanque-Einsätze zu Spielhöllen werden kann, wobei allerdings der Zufall minimiert werden soll.
Aphoristiker, die aus dem Literarischen herkommen, begeben sich nicht häufig in den lockenden Dschungel, weil die Denk-Nüsse nicht so gezielt zu knacken sind. Sie werden indes immer zu den Grundlagen zurücktasten, nämlich, dass Ethik eine ökonomische und soziale Grundkategorie ist, nicht etwa Marktforschung oder Finanzmathematik, sondern Vertrauen, Redlichkeit, Geiz, Habsucht, Betrug, also posi-

tive und negative Eigenschaften und Handlungen. Das gilt für Markt und Geld, die ineinandergreifen.

Markt: frei oder sozial?

Contradictio in objecto: Können Märkte zugleich frei und sozial sein? Markt ist insofern frei, als Angebot und Nachfrage den Preis regeln. Wird aber Vorhandenes voll angeboten, der Preis nicht direkt oder indirekt manipuliert? Freier Markt scheint Tummelplatz der Mächtigen, Freibrief für Betrüger. Der *black friday* 1929 mit der Folge der Weltwirtschaftskrise und dem Aufstieg Hitlers wie die Weltfinanzkrise 2008/09 belegen dies. Sozialer Markt bedeutet kontrollierten Markt bis zur Planwirtschaft, deren Scheitern die Sowjetunion (1917-1987) und ihre Satelliten vorexerzierten. Jetzt denkt man nostalgisch nach über verlorene Ideale. Jetzt?

> Der Sozialismus wird erst siegen, wenn es ihn nicht mehr gibt.
> Tucholsky (DA 2010, 172)

> Sozialismus oder Kapitalismus: Jeder trägt auf seine Weise zum Unheil der Welt bei.
> A. W. 3.12.2006

Hat man die Kehrseiten derselben Medaille erkannt, sucht man nach einem Mittelweg, indem man den Markt sozial bindet, auf Selbstbeschränkung setzt, wo Selbstentfesselung vorherrscht. Freiheit kann heilen, aber auch Krankheiten beschleunigen.

> Die Selbstheilungskräfte des Marktes schlagen unheilbare Wunden.
> Brie (DA 2010, 290)

Gier und Gewinn

Plan heilt so wenig wie Markt. Sie sind Instrumente. Heilen kann nur der Mensch; denn er verursacht die Probleme. Ihn treffen die Aphorismen.

> Heutzutage hat keiner genug, weil jeder zuviel hat.
> Waggerl (DA ²1994, 263)

> Wer viel hat, hat sich viel genommen.
> A. W. 12.11.2007

Haben korreliert mit Nehmen, irgendwann, irgendwie, irgendwo. Was noch nicht den Makel des Unrechts bedeutet. Unverständnis und Anspruch.

> Dem Hungrigen ist leichter geholfen als dem Übersättigten.
> Ebner-Eschenbach (IX 46)

Ideologisch-programmatische Haltungen werden ebenso fragwürdig wie späte Einsichten in das angeeignete Zuviel, die gewissensentlastende Bußgelder (Beiträge, Förderungen, Stiftungen usw.) aufbringen.

Wo sich der Egoismus hochwirtschaftet, wird er selbstlos.

Horstmann (DA 2010, 288)

Der Eigennutz spricht jede Sprache und spielt jede Rolle, selbst die der Uneigennützigkeit.

La Rochefoucault (WL 2009, 20)

Jeder also wäre sich jederzeit Rechenschaft schuldig. Soll sich „Leistung wieder lohnen", wie der politische Jargon fordert, müssen Leistung und Lohn in angemessenen Relationen bleiben. Es kann nicht sein, dass ein Banker oder Spekulant, gemessen am Lohn, das Vier- oder Fünfhundertfache eines Normalarbeiters einsteckt.

Man muss gegen die liberalen Ideen der Zeit die moralischen aller Zeiten halten.

Joubert (WL 2009, 64)

Nicht liberale Legalität entscheidet, sondern Ethik, d. h. Selbsteinschätzung, Selbstwertung, Selbstbescheidung. Reiche und Superreiche, die sich weniger nähmen, hätten dann immer noch mehr als genug. Frage des Gewissens. Aber wo keines ist?

Reichtum macht das Herz schneller hart als kochendes Wasser ein Ei.

Börne (WL 2009, 83)

Die einen dienen, die andern verdienen.
Die einen machen Worte, die andren Geld.

A. W. 29.11.2010

Verdienste werden ausgezeichnet. Sind sie erdient und verdient? Die Oppositionen des Dienens und Verdienens, des Wortemachens und Geldmachens schrecken auf, zwingen zum Nachdenken darüber, wie nahe liegend unsere Sprache die Positionen ansiedelt, und warum.

Das Warum fragt nach der Perspektive, die das steile Sozialprodukt auf der Basis von Öl und Maschine hat, und es fragt nach dem Endziel des einzelnen, seit eh und je.

Der deutsche Wiederaufstieg ist eine großartige Vorbereitung auf den Wiederabstieg.

Arntzen (DA ²1994, 297)

Wonach strebst du noch? Die Erde öffnet sich ebenso für die Armen wie für die Kinder von Königen.

Horaz (Ott 13)

Ist Geld haben besser als …?

Geld ist Mittel, nicht Ziel oder Sinn des Lebens.

A. W. 25.12.2010

Angst und Sorge wecken die Gier, bauen goldene Barrikaden gegen den Tod. Der Salzburger „Jedermann" spielt dies Jahr für Jahr vor. Man hat seit je generalisiert.

Die Geldgier ist der Ursprung alles Übels.

Diogenes Laertes (Rana 65)

In Frage steht der Maßstab für den Wert eines Lebens.

Man wiegt soviel, wie der Kontostand anzeigt.

A. W. 1.12.2010

Der Spitzenwert der Industriegesellschaft, die Steigerungsraten der Bilanzen, die Zuwächse, die Boni, sie sind überschätzt und überbewertet. Wenn eine Redewendung (oder ein Sprichwort) behauptet, durch Arbeit sei noch keiner reich geworden, kann man sich zur Bestätigung auf eine Feststellung aus den frühen 18. Jahrhundert stützen, die von einem französischen Marquis stammt.

Handel mit Ehre bereichert nicht.

Vauvenargues (WL 2009, 471)

Je voller die Tresore, um so größer die Angst um Verluste. Und gerade Angst löst Inflation aus. Inflationäres Gerede redet Inflation herbei. Angst lässt Schulden- und Atommüllberge wachsen, ungetilgt und untilgbar, zu lasten kommender Generationen, von denen so häufig geredet wird.

Während „in Nobelvierteln unter jedem Dache viele Millionen wohnen" (8.12.2010), erpressen gesetzlich geschützte Aktionen das ihre. „Gesellschaft" uniformiert sich von selbst (in Jeans, Ungekämmtheit, Anoraks usw.), Studenten spielen Arbeitnehmer in Streiks, fordern, selbst Privilegierte, Geld und Rechte, ohne Mehrwerte erarbeitet und Pflichten erfüllt zu haben, ungedeckte Schecks auf Zukunft. Und je weiter man aufsteigt, desto weiter reichen und schwerer wiegen die Fehler und – desto mehr teilt man sich selbst zu. Mit der Höhe steigen die Summen.

Politik, Markt, Geld, Sozialverhältnisse sind eng verflochten, ergeben die Textur einer Epoche. Friedrich Nietzsche spricht das Zusammenspiel an:

… Denn die drei großen Feinde der Unabhängigkeit in jenem dreifachen Sinne sind die Habenichtse, die Reichen und die Parteien.

Nietzsche (KSA 2222, 685)

Natur und Technik

Zeit

Zeit urbar machen.   Lichtenberg (I 204)

Lichtenberg wirft den Begriff Zeit zu dem des Urbar- und Fruchtbar-Machens. Welche „Zeit"?

Zuerst liest sich diese Zeit als meine Zeit, als unsere Zeit, die jedem gegeben ist, der sie bewusst erfährt und lebt. Die Spanne Zeit, die nicht exakt vorherbestimmbar, doch relativ kurz ist oder sein wird, soll so genützt werden, dass aus Wildnis oder Wüste Fruchtland vorbereitet wird, gerodet, gefurcht, gepflügt, um besät und bepflanzt zu werden und (einmal) Früchte zu tragen. Säen und Ernten setzt Urbarkeit voraus. Diese Vorarbeit muss entsagungsvoll und selbstlos geschehen, auch wenn der einzelne erst spät oder erst spätere Generationen ernten, die das urbare Land erhalten und meliorisieren. Urbar-Machen scheint undankbar, ist aber Grundlage jeder Kultur vom Kleingehöft bis zu Großgesellschaften, die Kulturen bilden, worin „Kultur" sich auf Verfeinerung spezialisiert, auf einen Sektor verengt, der vornehmlich rational-intellektuell und poetisch-musisch „beackert" wird. Wer von Urbar-Machen spricht, sollte das Kultur-Vorbereiten im Auge behalten, bis zurück zum biblischen Mythos von Kain und Abel: dass der Kultivierend-Sesshafte mit dem Leben bezahlt. Will sagen, dass er Natur aufgibt und umpflügt, um Kultur, die immer Kultur des Menschen ist, grundzulegen. Kultur will über Urbarkeit bezahlt und immer erneut bezahlt werden. Sonst fällt sie in Öde und Wildnis zurück, die vor der Tür stehen und nicht vergessen werden dürfen. Kulturelle Urbarmachung fordert Arbeit.

Der Aphorismus bezieht sich auf den einzelnen, der sein Leben zeitig genug urbar machen, d. h auf Frucht hin anlegen und vorbereiten soll, weil er ohne dies nicht anbauen und ernten wird.

Der Aphorismus meint auch Generationen, in denen der ersten Not erst der zweiten oder dritten Brot sein wird. Das gilt selbstverständlich auch für die Menschheit, ihre Kulturen und Kulturgeschichten. Ob man dies in den Kosmos auf irgendeinen Körper projizieren kann, bleibt offen.

Konsequenzen variieren sich aphoristisch auf das grundsätzliche In-der-Zeitsein des Menschen, das Martin Heidegger, seinerzeit intensiv auslotete („Sein und Zeit", 1927, [10]1963). Zeit bedeutet Existenz in Zeitlichkeit, begrenzte Zeitlichkeit, von Sorge besetzt, exemplifiziert an der Sorge Fausts (vgl. Weber 2005, 232-253). Die Erfahrung ist geblieben, vielmehr: Sie ist wirksamer geworden und wird umso mehr verdeckt durch Schnelllebigkeit und Lebensbeschleunigung von Fußtempo über Rad- und Autotempo zum Flug- und Raketentempo. Mehr Welt erreichen, erfahren als je zuvor. Quantitativ mehr, aber qualitativ? Läuft, ja rast man, von sich als Qualität davon? Die Zeit ist dennoch Herr. Ihr entkommt keiner.

Die Zeit ist das einzige wahre Fegefeuer.

Butler (WL 2009. 107)

Der Weg durch die Zeit unter den Auspizien der Vergänglichkeit galt seit je als Zeit der Prüfungen für ein jenseitiges endgültiges Urteil. Der Aphorismus verlegt mögliche jenseitige Folgen in das Diesseits, wo „das einzig wahre Fegefeuer" lodert oder glimmt. Das Hindurchmüssen im Hier und Jetzt bedeutet unverhüllte Realität, die das Bestehen der „Zeit" fordert, zugleich aber auch die Angst nimmt vor dem Unbekannten, das im Jenseits bevorsteht. Der Aphorismus entspringt einem jenseitskritischen Denken der zweiten Hälfte des 19. Jahrhunderts; er entstammt nicht dem des Namensvetters Butler aus dem 17. Jahrhundert, in dem er atheistischer Eklat und nicht druckfähig gewesen wäre. Hier wird Ewigkeit ins Diesseits verlegt. Im Hier und Jetzt jagt die Zeit, deren Tempo der Mensch vorgibt und ihm nachjagt.

Nicht jeder hat jede Menge Zeit. Jeder hat seine Zeit.

A. W. 20.3.1998

Je mehr Leere, je mehr Schnelligkeit.   Werfel (DA 2010, 13)

Wohin mit dem sich beschleunigenden Fort-Schritt? Warum mit Hochgeschwindigkeitszügen eine halbe Stunde früher in Berlin oder Paris sein wollen? Flucht vor sich selber, dann zurück zur Natur – in Ferienparadiese, auf Sonnenliegen, vor Meer, Sand und Sonne? Natur pur?

Fortschritt. Immer auch ein Schritt fort vom Paradies. Oder in ein neues Paradies?

A. W. 29.1.2007

Diesseitige Paradiesigkeit soll ein ehemals verheißenes, aber verriegeltes, jenseitiges Paradies vorwegnehmen. Wer weiß denn, was kommt?

Säkulare Zeitlichkeit spielt fiktive Ewigkeit. Jeder Vorsprung schwindet. Weil die Einzelzeit begrenzt ist, das Tempo nachlässt, bis es stirbt.

Wer seiner Zeit nur voraus ist, den holt sie einmal ein.

Wittgenstein (DA 2010, 165)

Grundsatz der Moral. – Rückständig zu sein ist moralischer, als seiner Zeit voraus zu sein.   Butler (WL 2009, 105)

Die Aphorismen spiegeln zurück zu Lichtenbergs „urbar" zu machender „Zeit", zu einem *para diem*, damit einmal ein *carpe diem* möglich sei. Zeit kehrt nicht zurück. Wie sie gegeben ist und weil sie gegeben ist, kehrt sie nie zurück, auch wenn sich Tages- und Jahresläufe scheinbar mechanisch wiederholen. Sie tun es im Menschlichen nicht, und tun es – exakt besehen – auch im Kosmischen nicht. Der Kosmos dehnt sich errechenbar aus, die Erde schwimmt in Kontinentalplatten auf Magmabasen, reißt auf, stößt Feuer und Lava aus, erhitzt und erfriert, vernichtet und erneuert „Natur". Der Mensch kann das Geschehen wie sich selbst nur als Geschenk nehmen, Mit-Natur sein und in der Spannung von kosmischer und terrestrischer Natur Sinn suchen.

Jede Stunde, jeder Tag, jedes Jahr sind Geschenke. Niemand bekommt sie ein zweites
Mal.   A. W. 29.12.1998

Ein Blick zurück auf Lichtenbergs Urbarmachung der Zeit, auf das mitzuhörende
biblische „Machet die Erde euch untertan!" Besser übersetzt: Gestaltet sie als Ge-
schöpfe zusammen mit den Geschöpfen! Es ist Not-Stand und Hoch-Zeit zugleich.
Jederzeit. Wolfdietrich Schnurre unterstreicht Lichtenberg, indem er drängt und
intensiviert.

Es ist Zeit. Und das schon seit je.   Schnurre (DA 2010, 237)

„Krone der Schöpfung"?

Der Mensch tritt der „Natur" forschend und ausbeutend gegenüber, und bleibt doch
stets Natur, der er nicht entfliehen kann. Seine Naturgeschichte ist ebenso Gegen-
stand der Forschung wie die der außermenschlichen Natur. Die Umkehrung der
Forschungsrichtung (in Medizin oder Psychologie z.B.) verdeutlicht das grundlegende hermeneutische Verhältnis.

Die Natur erforscht den Forscher.   Chargaff (DA 2010, 226)

Wir sind Natur, und wir sind in „Natur". Wir „leben" in Kultur und vergessen, dass
dies „urbar" gemachte, kultivierte Natur ist, die, verletzlich genug, den Globus umspannt. Wir aber stellen uns, wie gesagt, gegenüber, erkennen Distanzen aus Distanz, vergrößern, verkleinern, machen Unsichtbares sichtbar, entfesseln und binden
über-menschliche, doch natürliche Kräfte, figurieren Ideale und spitzen Realitäten
zu. Wir schwenken Teleskope und Mikroskope mit neuen Brennweiten und -schär-
fen in neue Richtungen.

Vor Darwin:
Der Mensch Gipfel der Schöpfung. Ebenbild des Schöpfers.
Nach Darwin:
Der Mensch Gipfel der Nahrungskette, Selbstbild des Geschöpfes, das sich schöpft.
                                                 A. W. 18.9.2005

Wir greifen nicht nur auf Natur zurück, um uns (gesund) zu ernähren und um uns zu
erholen, d. h. als Natur zu restaurieren, wir entfliehen in die Natur, um den verge-
sellschafteten „Kronen der Schöpfung" zu entgehen, den Ebenbildern unser selbst,
um menschlichen Pseudo-Meinungsfreiheiten zu entgehen, uns zu ent-
gesellschaften.

Wir sind so gern in der freien Natur, weil diese keine Meinungen über uns hat.
                                                 Nietzsche (KSA 2222, 322)

Naturgewalten

Der Abfall vom Schöpfer füllt die Natur mit Abfall.

Marti (DA 2010, 242)

Wir erfahren Natur nicht, wenn wir uns unserem Auftrag und ihrem Rhythmus entziehen, gegen sie, also un-natürlich leben, manchmal leben müssen, wenn wir Licht, Regen, Fruchtwechsel usw. künstlich erzeugen, „produktiv" machen. Natur wäre dann das Fremde, das wir nicht sind, jenseits unserer Perspektiven und Dimensionen.

Was hilft aller Sonnenaufgang, wenn wir nicht aufstehen.

Lichtenberg (II 554)

Natur vermögen wir nicht total nutzbar zu machen, nicht, alle Urkräfte zu fesseln. Allein der Globus, zwar umspannt, ist nicht bezwungen, vielleicht auch nie zu bezwingen, beispielsweise nicht völlig in erneuerbare Energien umzusetzen. Die werden beachtliche Phänomene bleiben.

Mit Blitzen kann man die Welt erleuchten, aber keinen Ofen heizen.

Hebbel (DA ²1994, 127)

Am Regenbogen muss man nicht Wäsche aufhängen wollen.

Hebbel (WL 2009, 101)

Mit einem Vulkan ist nicht zu reden.

F. G. Jünger (DA ²1994, 268)

Solche von Poeten eingebrachten Metaphern lesen sich auch poetisch:
für Geisteshelle, aber Realitätsferne;
für Ästhetenschau, aber Unbrauchbarkeit im Alltag;
für unkontrollierte Ausbrüche, aber nicht für Sprache und Dialog.
Die Fremdheit der Natur ist konstitutiv, oder, gegenteilig gesagt, die Natur des Menschen liefert nicht nutzbare Naturkräfte. Der Mensch projiziert, schafft Überbauten, die er wie ein Als-ob bewohnt.

Dort, wo die poetisch-aphoristische Fiktion durchstoßen wird, eben durch entfesselte reale Natur, zieht der Mensch, schon in relativ kleinen Bereichen, unvermeidbar den kürzeren. Oder auch nicht?

Vulkanausbruch auf Island. Luftraum gesperrt. Stille auf Startbahnen, Verluste der Fluggesellschaften.
Welch ein Natursegen! sagen die Anlieger.

A. W. 17.4.2010

Technikprojektionen

Grob formuliert: Technik ist angewandte Wissenschaft von der Natur, und Natur-
wissenschaft erforscht die uns zugewandte Natur, bis in ihre Tiefendimensionen,
berechnet und versucht, sie zu erklären. Je weiter sie über das Sichtbare und sichtbar
zu Machende vordringt, desto hypothetischer die Erklärungen und umstrittener die
Phänomene. Dennoch: Fünfhundert Jahre Forschung haben genügt, Helligkeiten bis
ins unendlich Kleine und ins unendlich Große zu senden, einschließlich des Menschen in seiner unvorstellbaren Neuronalität. Forschungsdrang erzwingt den ersten
Schritt, dem weitere folgen. Die Ansätze bei den Griechen – wir sprechen von einer
ersten Aufklärung – erfolgten (im 5. Jahrhundert v. Chr.) in Horizonten der Philosophie, der Naturbeschreibung bzw. -erklärung und der Poesie, besonders in der Tra-
gödie.

> Alles Ungeschehene kommt einmal zum ersten Mal.
>
> Sophokles (Rana 148)

Was immer da war, wird erstmals erkannt, beschrieben und benannt, durch Sprache
vermittelt und ereignet sich dadurch. Die einsetzende Detaillierung verfeinert sich in
tausendjährigen Dialogen der Menschen, transponiert in Zeichensysteme stellt sie
sich dar.

So erging es allen Entdeckern und – allen Entdeckten. Niemand ermaß die Folgen.

> Der Amerikaner, der den Kolumbus zuerst entdeckte, machte eine böse Entdeckung.
>
> Lichtenberg (II 166)

Lichtenberg vermochte die Folgen der Entdeckung Amerikas durch Kolumbus
(1492) nach drei Jahrhunderten zu beurteilen. Der Aphorismus kehrt das Ereignis
um, damit es aus europäisch-spanischer Perspektive in eine globalere, den Entdeckten einzuräumende Perspektive rückt in einer Zeit, in der die Wellen der Französischen Revolution in den westindischen Kolonien Aufstände auslösten, Negersklaven
blutig Freiheit einforderten (Haiti, St. Domingo usw.). Der Aphorismus wirft grelles
Licht zurück auf des Entdeckers Landung, auf die brutale Gold-, Land- und Export-
gier (Zucker, Baumwolle) der Eroberer, die Ausrottung der Indianer und die Sklave-
rei Schwarzer, alles unter dem Zeichen des Kreuzes: Emanzipationsbewegungen bis
in unser Jahrhundert. Ein knapper Aphorismus bricht die Geschichte auf, kehrt gewohnte Urteile um, indem er die Perspektive wechselt. Kolumbus entdeckt nicht,
vielmehr wird der Ankömmling, der an Land geht, von Eingeborenen entdeckt, von
einem „Amerikaner" „zuerst" „ent-deckt". Lichtenbergs Aphorismus wertet radikal
um, gegen den historischen Vorgang und gegen die Ideologie einer erfolgreichen,
weil folgenreichen historisch-geographischen, missionarischen, wirtschaftlichen und
politischen Tat. Aus der Sicht der Entdecker und deren Historiker: einer guten Tat,
die für die Entdeckten das „Böse" brachte. Der erste „Amerikaner", der ein Indianer
war, ist dem ankommenden fremden Bösen begegnet.

Der Aphorismus schwenkt die europäische Geschichtsperspektive. Ob es bei den „Amerikanern" das Böse gab, lässt er außerhalb des Fragehorizonts, damit die angestoßenen Gedanken nicht vorweg in Rechtfertigungen abgleiten.

Ins Mikrobiologische wendet sich Michail Genin im 20. Jahrhundert, um eine ähnliche erste Erfahrung mit bisher „Ungeschehenem" (Sophokles) aufzudecken.

> Seit der Erfindung des Mikroskops gibt es auf der Welt Bakterien.
>
> Genin (WL 2009, 214)

Selbstverständlich gab es auch vorher Bakterien. Niemand kannte, benannte und besprach sie. Folglich gab es sie nicht im Bewusstsein und Wissen des Menschen. Genins Aphorismus veranlasst Denken über Bewusstseins- und Wissenshorizonte, über Ortsbestimmung und Richtungszuweisungen.

Aphorismen provozieren auch Vor- und Ausblicke.

> Wie werden einmal unsere Namen hinter den Erfindern des Fliegens und dergleichen vergessen werden.
>
> Lichtenberg (I 309)

Ausgangs des 18. Jahrhunderts ein prophetisches Wort, obwohl man damals (Montgolfier) mit Heißluftballonen experimentierte. Lichtenberg nimmt mehr als ein Jahrhundert vorweg, weit prospektierend, obwohl Watts Dampfmaschinen schon liefen, vorausdeutend auf Motorfahrzeuge auf Straßen, auf Raketen in der Atmosphäre und Stratosphäre (Lilienthal, Bleriot, Benz, Diesel, Braun usw.) Nein, so hat er es nicht gesagt, aber den Forschungsstolz klar- und weitsichtig projiziert auf Erfindungen und eine bis dahin unvorstellbare Welt, in der seine und seiner Zeitgenossen Leistungen „vergessen" sein werden: Wertsache und Selbstbescheidung.

Aphorismen erstreben nicht Benennungen oder Beweisführungen, sondern Aufforderungen zum Weiterdenken. Schon gesagt. Auch über Fort-Schritt denken, über das Anders-sehen, Anders-reden, vor allem das Anders-gewesen-sein. Methode ist unerlässlich, und bleibt trotzdem als Instrument sekundär. Überblicken wir also.

> Technischer Fortschritt:
> Vom Steinigen zum Richtschwert,
> vom Richtschwert zum Henkersbeil,
> vom Henkersbeil zur Guillotine,
> von der Guillotine zur Giftspritze,
> von der Giftspritze zur Gaskammer,
> von der Gaskammer zur Atombombe:
> Von Muskelkraft über Mechanik zu
> Chemie und Physik.
> Technischer Fortschritt ist stets auf der Höhe der Zeit.
>
> A. W. 13.4.2010

Hinterfragungen

Ob es im Paradies ebenfalls regnet, schneit, blitzt und donnert, fragt kein Aphorismus. Eher schon fragt sich nach den bekannten Parallelen, die sich im Unendlichen treffen sollen, also nicht „ewig" parallel bleiben. Überlassen wir das Weiterdenken den Theologen, vielleicht auch das über den „Urknall", dessen „Endknall" die Apokalypse des Johannes beschreibt.

Wir treten heraus aus der Spekulation, wenn das Raum-Zeit-Problem in den Blick kommt, das immer auch eines des Lichts ist. Wie entstünde sonst Raum und wäre zu erkennen?

> Nur wo Raum ist, kann Licht sein. Oder schafft Licht erst Raum?
>
> A. W. 10.5.2010

Es mag überraschen, aber schon scheinbar Naheliegendes kann, aphoristisch formuliert, Denken bewegen.

> Schon durch das Spalten des Holzes wird man warm.
>
> Jean Paul (WL 2009, 72)

Will sagen: Nicht erst der Heizeffekt des Holzes wärmt, sondern die körperliche Arbeit zuvor und überhaupt. Gesundheit und Nutzen bedingen sich. Rousseaus „Zurück zur Natur" mochte Jean Paul im Ohr haben.

Und dann die maschinelle Technik, die aufmerken macht, wenn man sie nicht ausschließlich vom Nutzeffekt her betrachtet.

> Die größte Wohltat der Eisenbahnen ist, dass sie Millionen von Zugpferden ihr jammervolles Dasein ersparen.
>
> Schopenhauer (Sen.149)

Die ungeheuere Entwicklung der Technik im 19./20. Jahrhundert von der Erfindung der Dampfmaschine und ihren verschiedenen Anwendungsformen (Lok, Dampfschiff, Textil- und Stahlindustrie usw.) über die Erfindung des Motors (Kraftwagen, Lastwagen, Flugzeuge), der Anwendung der Elektrizität (Glühbirne, Kühlsysteme, Elektro-Motoren), der drahtlosen Telegraphie zu den audiovisuellen Medien, zu den Atomspaltungen (Bomben, Atomkraftwerke) und der Raketentechnik (V-Waffen, Weltraumflüge, Satelliten, Weltraumstation): diese grundlegende Verwandlung der Beherrschung der „Welt", sie wurden keine Themen der Aphoristik. Dies erklärt sich vielleicht aus dem atemlosen Tempo dieser technischen Ereignisse, wohl eher daraus, dass das breite Feld der Aphorismen im Persönlichen-Menschlichen liegt, nicht in den Entwicklungen der Geschichte, der Entdeckungen, Erfindungen oder in der Politik des Tages.

Zuletzt ein Blitzlicht auf die Psychoheuchelei, die man anprangern darf.

Die Gesellschaft verpönt den Trieb und zählt auf ihn.

Schaukal (DA 2010,139)

Gedanken werden fragen, warum es Tabus gibt und geben muss, ob eine total enthemmte, nackte Gesellschaft noch menschlich sein kann, ob Triebhemmung oder Triebentfaltung den *homo sapiens* zum Menschen macht. Fragen auch, warum zwischenmenschliche Konventionen entstehen und als Traditionen weitergegeben werden. Oder: Könnte der zivilisierte, sogenannte moderne Mensch wieder bei Adam und Eva anfangen?

Bruchstücke

Panta rhei: alles fließt   Heraklit

Es kann kein dauerhaft fixiertes Weltbild geben. Kosmos, Erde, Mensch bewegen sich ununterbrochen auseinander, zueinander, gegeneinander. Das ist Geschichte im Großen wie im Kleinen. Darstellungen dieses Ganzen vermögen nur, perspektivisch, Details zu fokussieren, in Zusammenhänge zu bringen, unter Weglassung anderer Sichten. Wir verfügen über keinen Gesamtblick von Gleichzeitigkeiten, über kein Gesamtmuster rundum. Keine Weltformel und keine Weltsprache leisten dies. Denn alle Formeln und Sprachen operieren als Folgen in der Zeit. Wir erfassen, beschreiben, bedenken Teile, spielen aus und in Perspektiven, versuchen unerwartete Schwenks des Blicks. Wir spielen Welt nach mit unzulänglichen Mitteln doch in enormen Kombinationen, ästhetisch. Und ebendies meinte wohl Nietzsche, als er behauptete, Welt sei nur noch ästhetisch zu fassen. Unter Verzicht auf Ethik als Grundkomponente.

Bruchstücke
sprechen nur
vom Ganzen.   Benyoëtz (Be 2007, 80)

Dass Natur immer ganz, doch nie das Ganze ist, ist Schicksal des Menschen als Natur und zugleich Aufgabe, ein Ganzes zu entwerfen, anzustreben, vielleicht bisweilen zu leisten. Als Teil sind wir nie vollkommen, stets über uns hinausgewiesen und aufgefordert von der hochbewussten Bruchstückhaftigkeit unserer Existenz. Sie spannt von verzweifelter Selbstzerrissenheit bis zu vollkommen von Selbstverwirklichung und Entwürfen erfüllter Idealität. Dazwischen fesselt uns die Realität. Die Spannung erzwingt Werke als Versuche der Bewältigung. Die sind not-wendig, sogar bedeutend und – eben doch Bruchstücke.
    Der Aphorismus ordnet uns ein und fordert uns auf. Er könnte verzweifeln machen und er kann stärken. Auch ein „Bruchstück" ist wertvoller Teil des Ganzen.

Der Einzelfall ist immer Bruchstück. Welt aber ist für uns immer Einzelfall. Zitieren wir hier Wittgenstein, bleibt sich gleich, dass er voranging und von Benyoëtz sekundiert wird.

Die Welt ist alles, was der Fall ist.

Wittgenstein (DA 2010, 164)

Also: Bruchstückhaftigkeit und Fallhaftigkeit sind vorgegeben, auferlegt und unvermeidlich zu Trost und Glück: Leben von Fall zu Fall bestehen. Bedenken wir: Zwei knappe Aphorismen treten eine Lebensphilosophie los, unsystematisch, doch mit Schubkraft.

Die Kritik am Fort-Schritt bindet sich zurück an das Bewusstsein der Bruchstückhaftigkeit und Fallhaftigkeit, fruchtbar dann, wenn sie sich nicht zu Selbstzufriedenheit bequemt, ebenso wenig, wenn sie sich nicht in vormodellierter „faustischer" Unzufriedenheit verzehrt. Novalis wusste das in jener Zeit: dass jede Stufe Ziel, Ereignis und Voraussetzung ist. Dass wir uns auf jeder Stufe über Stand und Ort besinnen dürfen und sollen.

> Es ist ein starker Beweis, wie weit wir schon sind, dass wir so verächtlich von unsern Fortschritten, von unsrer Stufe denken.
>
> Novalis (II 337)

Das macht doch wohl die Qualität dieses romantischen Träumers aus, dass er „Fortschritte" konstatiert, weil er tätig war und Realität erfuhr: Berg-Werk, Lebens-Kürze.

Aphorismen bieten keine Nenner der Welt, weder des Kosmos noch des Menschen. Sie bieten auch keine Sicht oder Einsicht dahin, was im Mikrokosmos der Neuronennetze vorgeht. Wo bei, meinetwegen, 20 Milliarden Hirnzellen die Erregungen ausgehen, die Fiktionen, Überbauten, Spielfelder, Handlungen. Wo und wie, zwischen Morphe und Meta-Morphosen, das Ich entsteht (oder nicht entsteht).

Die Blitzmetapher muss wieder herhalten, und es scheint eben der aphoristische Blitz, der zündet.

> Welch ein anderes könnte dem Weltnetz denn begegnen, als nur der Blitz, der es zerreißt.
>
> B. Strauß (WL 2009, 236)

Erinnern und Denken

Erinnerung und Gedächtnis

Die Aphorismen über Jung-Sein und Alt-Werden legen nahe, das Vergessen im Alter als Glück oder Gnade zu begreifen. Die Überfülle des Gelebten lichtet sich, was nicht mehr wirkt, verliert an Bedeutung, das Thema oder die Themen des Lebens treten nachdrücklich hervor, was als Vergangenheit sich liniert, scheint auf uns zuzuführen und uns auszumachen. Aber jeder Rückblick wählt aus, die Erinnerung holt herauf, was wir gewesen sein wollen, um zu festigen, was wir sind. Wie der Historiker ein rückwärtsgewandter Prophet genannt wurde, so zieht auch der rückblickende Alternde in einer Art prophetischer Rückprojektion die Linien, die auf sein Heute hinführen. Als ein derart Gewordener will er gesehen werden.

Objektiv mag das Rück-Bild unzutreffend, sogar falsch sein. Vergessen und Vergessenwerden machen Erinnerung zu linierter, kreisender oder kreuzender Skizze, zur Wohltat, die den Umgang mit sich als Gewesenem erleichtert, eine Ordnung des Inneren, die Er-Innerung schafft und bezeugt. Ein Stück fiktionaler Realität. Erinnerung schafft in einer Art Poesie Bilder aus Erfahrungen und Erlebtem, durchaus lebende oder lebendige Bilder, die sich überlappen, verschärfen oder verschwimmen.

Gedächtnis dagegen speichert Wissen und Fakten auf Abruf. Vergessen wird für die Gebrauchsfähigkeit des Gedächtnisses zum Mangel, für das Erinnern durch Weglassen – aber zur Voraussetzung variabler Entwürfe des Selbstbildes, damit des Selbstbewusstseins. Vergessen durchlöchert das Gedächtnis, entrümpelt aber das Erinnerungsmaterial.

> Wer zur Ordnung vordringen will, muss sich auf die Kunst des Vergessens verstehen.
>
> E. Jünger (WL 2009, 168)

Glück oder Gnade wird hier zur „Kunst des Vergessens", also statt Glück oder Gnade zu einem Willensakt, ja zu einer künstlerischen Leistung, die dadurch ordnet, dass sie das Vergessen anzuwenden vermag. Sie wird hochbewusst eingesetzt. Wie Jünger penibel Beobachtungen festhielt, Realitäten (sprachlich) hortete und zu Sinnmosaiken zusammensetzte, kann es sich nur um bewusstes und gewolltes Erinnern handeln. Was sich solchem Ordnen entzieht, verfällt der „Kunst des Vergessens", andere würden sagen: Es wird verdrängt. Verdrängung aber lässt nur ein geplantes, künstliches oder kunstvolles Erinnern zu, das das Sieb des Logos passiert hat. Ein artifizieller Vorgang, im Gegensatz zum natürlichen Vergessen, dem erinnerndes Altern unterliegt. Ein hoher Bewusstseinsgrad kennzeichnet Jüngers Werk.

Natürliches Vergessen ist Symptom und zugleich Erfahrung des Alterns. Eine biohistorische Erfahrung insofern, als alles Leben vergänglich ist, dass sich der Alternde selbst historisch wird, wie beispielsweise Goethe. Es ist auch die Erkenntnis Marc Aurels.

Bald wirst du alles vergessen haben, und bald werden auch dich alle vergessen haben.

Marc Aurel (Selbst. 86)

Die Einsicht in die Sterblichkeit des Lebenden vermag die Vorstellung der Selbstbedeutung zu relativieren und, besonders dem Mächtigen, den Abgang zu erleichtern.

Das Gedächtnis aber steht offenbar dem Erinnern im Wege, weil es nicht vergessen kann und soll. Um Erinnerung freizugeben, aufblühen, wachsen und reifen zu lassen, muss Gedächtnis beiseite treten. Den Erinnerungen nicht integrierbares Wissen soll ausgeblendet werden. Was nicht vergessen darf, eben das Gedächtnis, soll vergessen lernen, also in seine Negationen eingeübt werden. Es soll sich selbst aufheben: Das Gegenteil dessen, wozu es angelegt und aufgefüllt wurde. Der Widerspruch bleibt unüberbrückbar. Der Aphorismus stellt darum die Frage nach einer Methode, einem Weg.

Wie übt man das Gedächtnis, um vergessen zu lernen?

Lec (WL 2009, 187)

Stanislaw Lec, polnischer Jude, stellt diese Frage. Der Aphorismus zielt darauf ab, wie man denn das Ungeheure, das geschehen ist, aus dem Gedächtnis löschen kann, damit es nicht als Erinnerung bleibe. Vergessen: eine lernbare, einübbare Vergesslichkeit, ein folgenloses Verdrängen?

Das Gedächtnis wäre sozusagen die gestanzte Grundplatte, die funktioniert, während Erinnerung daraus, Bilder gestaltend, lebt. Doch kann das Gedächtnis an Stabilität und Funktionalität einbüßen, ja es kann ganz oder teilweise verloren gehen, entsprechend den Funktionsverlusten im Großhirn oder in anderen Hirnarealen. Diese Perspektive öffnet Lec, um Gedächtniseinbußen nicht generell als Verdrängungen zu verdächtigen.

Auf das menschliche Gedächtnis ist kein Verlass. Leider auch nicht auf die Vergesslichkeit.

Lec (Gröz. 2010, 34)

Der Widerspruch des Vergessens und des Nichtvergessen-Könnens formt den Aphorismus als Satz und Gegen-Satz: Dass auch ein trainiertes Gedächtnis nicht todsicher funktioniert und nicht stets voll verfügbar ist – und, dass es auch, entgegen dem Wunsch oder Wollen, nicht generell löscht und damit an Unerwünschtes mahnt, also dem Vergessen im Wege steht. Das Nichtvergessenkönnen stellt sich quer und stört die Formung der Erinnerung, nein: korrigiert sie.

Elazar Benyoëtz' Satz –

Gedächtnis –
Der Erinnerung vorgeschobener
Riegel.

Benyoëtz (Be 2007, 170)

– beleuchtet das Problem aus der Gegenperspektive. Das Gedächtnis verriegelt und versperrt Erinnerung. Es verhindert das Entstehen eines lebendigen, atmenden Bildes vom Gewesenen.

Nietzsche erweitert diese Einsicht. Eben wegen des Gedächtnisses, eines „zu guten" Gedächtnisses, gelingt „manchem" keine Denkfolge und kein Gedankengebäude, weil das Gedächtnis vieles bereithält, das Integration nicht erlaubt und Denkbewegungen hemmt. Das korrigierende Gedächtnis stellt sich quer, stoppt vorgreifend das Denken.

> Mancher wird nur deshalb kein Denker, weil sein Gedächtnis zu gut ist.
>
> Nietzsche (KSA 2222, 430)

Aber: Kann Gedächtnis „zu gut" sein? Zu gut, wenn es berichtigt, Denk-Plagiate aufzeigt, Fehlschlüsse ankreidet, Verdrängtes anmahnt? Wirkt es auch ins Gewissen?

Ein Gedächtnis, das jederzeit alles negativ Erfahrene bereithält – dies dürfte auch für das historische Gedächtnis zutreffen – warnt, belastet und blockiert Denkbewegungen und -entwürfe, die in Neuland ausgreifen, was nie ohne Risiko geschieht. Vergessen aber räumt damit auf, schafft Freiräume des Handelns, ermöglicht neue vielfältige Aktivitäten.

> Es kann mehr beginnen, wer mehr vergisst.
>
> Porchia (WL 2009, 162)

Erinnerung aber vermag Gedachtes hervorzuholen, aufzugreifen und umzuformen. Kein Gedanke ist verloren, solange er erinnert, im Erinnern geformt und dadurch neu geschaffen wird. Erinnerung formt, sie repetiert nicht.

> Der Gedanke ist unsterblich, vorausgesetzt, dass er stets neu geboren wird.
>
> Lec (WL 2009, 188)

Erinnerung denkt und schaut Vergangenes um. Indem sie neu baut, schafft sie bewusste Gegenwart und entwirft Zukunft.

Logos grundiert

Der Rückgriff auf des Descartes Fundamentalbehauptung des *cogito ergo sum* scheint erneut unumgänglich. Romantiker beriefen eine höhere Instanz, die menschliches Denken sozusagen ermögliche. Franz von Baader setzte das Aktiv des *cogito* ins Passiv: *Cogitor ergo sum*: Ich werde gedacht, darum existiere ich. Jean Paul beruft ebenfalls „einen Gott", der das Denken freigibt.

> Man muss einen Gott haben, um zu denken.
>
> Jean Paul (WL 2009, 69)

Der Grundbezug auf einen Gott, sei er nun theistisch, deistisch oder pantheistisch im Horizont der Romantik gedacht, ermöglicht demnach erst das Denken. Jean Paul sagt nicht: richtiges Denken, meint aber wohl kosmisches Denken als ein vom

Schöpfer verliehenes „Denken" der Schöpfung. Darum ironisiert er das sich verselbstständigende, autonome Denken – vielleicht auch das Denken Kants – als eine Denkillusion des Denkenden.

Er denkt, er denke.

Jean Paul (WL 2009, 72)

(Übrigens, ein im Bau klassischer Aphorismus, der zur Entgegensetzung nur der Änderung des t zu e bedarf.)

Der Mensch *ist*, was er *denkt*.

Hebbel (WL 2009, 97)

Auch Friedrich Hebbel, der Dramatiker, bestimmt den Menschen vom Denken her, nicht anders als Descartes und Aristoteles. Er steht immer noch in der Tradition des Logos, der, nach Mose I als Wort die Welt erschuf und nach Johannes (I 14, 17) in Christus Mensch wurde. Gedanke und Sprache sind von Anfang an identisch, hier in Haupt- und Relativsatz komplementär dargestellt.

Die Logosphäre macht den Menschen, die Biosphäre erwächst daraus. Der Mensch schlechthin wäre fleischgewordene, verkörperte, sichtbare Idee, noch in dem Sinne von Schillers: „Es ist der Geist, der sich den Körper baut".

Der Aphorismus widerspricht radikal der Gegenthese: „Der Mensch ist, was er isst." Diese Grundannahme des Materialismus kommt von ähnlich weit her (Heraklit), fand in den französischen Enzyklopädien des 18. Jahrhunderts (Diderot, Helvetius u. a) scharfe Neuformulierungen und praktische Anwendung im philosophischen und politischen Materialismus des 19. Jahrhunderts (Feuerbach, Marx, Darwin). Die Positionen stehen gegenüber, wahrscheinlich unvereinbar, und halten das Denken offen.

Hebbels Aphorismus sagt, dass der Mensch als Teil des Kosmos denkt, weil er gedacht ist, dass dieses Denken ihn ausmacht und bestimmt, dass er durch Denken definiert ist, was ihn als Teil-Logos im Gesamt-Logos zum Handeln ermächtigt, sich „die Erde untertan" (Mose) zu machen, also alles, was nicht mit Logos begabt ist. Durch diesen Logos erhebt sich der Mensch zum *poietes*, zum Schöpfer zweiter Hand, wie Hebbel selbst als Dramatiker zum Mitschöpfer, ja Selbstschöpfer. Er leitet daraus den Anspruch auf Freiheit ab, den der philosophische Materialismus, besonders als Praxis, verweigern muss.

Denkwege

Man kann Denken auffassen als ein Bahnen von Wegen in ein chaotisch Ungewisses, Bauen von Autobahnen, Hauptstraßen, Nebenwegen und Pfaden. Vielleicht bildet sich darin eine Ahnung der Vernetzungen im Großhirn ab. Die begangenen und befahrenen Verbindungen bieten sich an; in Unbegangenes vorzustoßen, ist neu, so mutig wie gefährlich. Denn wo es Wege gibt, gibt es auch Irrwege, die zu keinen Ziel führen, auch Umwege, die Kraft und Zeit verschleißen, auch Holzwege, die im

Dickicht enden, Umkehr erzwingen, um aus Orientierungs- d. h. Denkfehlern zu lernen, oder sich, wie mit der Machete, gewaltsam zu Lichtungen durchzuhauen, nicht ohne Risse und Wunden.

Gedanken sind heilsam, sofern sie verwunden.

Benyoëtz (Be 2009, 75)

Selbstdenken ins Ungewisse ist riskant und gefährlich. Es geschieht nie ohne Selbstbeschädigungen. Die Durchbrüche sind schmerzliche Lehrzeiten. Schmerz wird zum Lehrer des Menschen. Denn Denken begrenzt sich nicht, wirft sich voraus ins Urwaldhaft-Uferlose, ins Unbegrenzte, und bleibt an Problemen hängen.

Wer denkt, verliert sich ins Denkbare.

Schaukal (DA 2010, 140)

Immer aber denkt im Raum des kollektiv Gedachten nur der Einzelne. Das Hirn als Denkorgan wird erst durch die Sprache sozusagen kollektiv. Und selbst durch Kommunikationen kann man kein individuelles Denken vereinbaren.

Wir haben kollektiv beschlossen, individuell zu denken.

Laub (DA 2010, 250)

Umgekehrt: Aus individuellem Denken schält sich gemeinsames heraus, in und als Sprache, durch Sprache. In der Welterkundung und -beschreibung scheint das eidetische Element dem logofizierenden vorauszugehen, ja nachhaltiger zu wirken.

Bilder sind nicht gefräßig, Begriffe sind es.

F. G. Jünger (DA 2010, 192)

Denkhaltungen

Denken ist nicht Handeln. In Goethes Auffassung schließen beide gleichzeitig sich aus. Während es im Menschen ununterbrochen denkt, ist für den Berufs-Denker, den Philosophen, Denken Arbeit, ja Schwerarbeit, will er doch denkerisch die Welt klären und systematisieren, d. h. ordnen. Sein Stand-Punkt kommt ihm zugute, beschränkt ihn aber auch.

Vor-Denker denken in „Wäre", Nach-Denker in „Hätte": beide in Konjunktiven.
A. W. 11.1.2011

Beide Denkperspektiven vermeiden das Ist, weil sich stimmige Gegenwart – Umschreibung für Glück – nicht herbeidenken lässt, genauso wie aus Gründen geistiger Hygiene und Ökonomie nicht alles überhaupt Denkbare gedacht, geschweige gesagt werden sollte. Im Denken beginnt die Menschlichkeit, ethisch, nicht nur biologisch.

Bestimmte Dinge nicht gedacht zu haben, ist ein unersetzliches Gut.

Brock (DA 2010, 168)

Durch Reflexion lässt sich kein Glück schaffen.

Mohr (DA 2010, 80)

Denken ist riskant, schwer kontrollierbar, durch Verdrängung und Verdämmung oft hochexplosiv, durch Kommunikation auch gefährlich. Als Dialektik fällt es sich selbst in den Arm, ein „Purzelbaum der Erkenntnis" (Benyoëtz, Be 2007, 11). Oft scheint es nicht ausgereift, manchmal überinformiert, manchmal zwanghaft fehlgerichtet.

Auch Gedanken fallen manchmal unreif vom Baum.

Wittgenstein (DA 2010, 160)

Ehrgeiz ist der Tod des Denkens.   Wittgenstein (DA 2010, 167)

Systematisches Denken zeigt sich zeitaufwendig, durchdacht, ausgereift, konzentriert, schlüssig; aphoristisches Denken unsystematisch, blitzartig, zufällig, fragwürdig: würdig, zu fragen und befragt zu werden. Denn

Selbst wenn er fragt, ist der Geist Antwort.

Valéry (WL 2009, 140)

Antwort kann der fragende Geist aber nicht sein, wenn er darüber denkt, wie er denkt, und nicht warum und worüber. Methodologie des Denkens, wenn überhaupt möglich, ist nicht Denken, so wenig wie Diskussion Lösung eines Problems. Nietzsche, der sagt: „Den Stil verbessern heißt den Gedanken verbessern" (WL 2009, 117), kritisiert:

Die meisten Denker schreiben schlecht, weil sie uns nicht nur ihre Gedanken, sondern auch das Denken der Gedanken mitteilen.

Nietzsche (KSA 2222, 163)

Lichtenberg hatte das Problem zugespitzt, dass nicht nur Gedanken, sondern der Verstand, gewissermaßen der diminuierende Intellekt, zum Handeln unfähig macht.

Der Mann hatte so viel Verstand, dass er fast nicht mehr in der Welt zu brauchen war.

Lichtenberg (WL 2009, 44)

Denkt Sprache?

Indem wir über Denken sprechen, befinden wir uns immer schon im Raum der Sprache, jedenfalls im Vorraum, vielleicht gar im Vorratsraum, und haben die Türklinke in der Hand. Der Übergang der Räume, die Verzahnung ist derart, dass mit dem einen immer schon der andere „Begriff" da ist, dass wir uns wie in Stadien in eben-demselben bewegen.

Denken zeugt Gedanken. Die aber kommen als Sprache zur Welt.

> Die Sprache ist die Mutter, nicht die Magd der Gedanken.
>> Kraus (DA ²1994, 224)

Sprache realisiert Denken, indem sie es kommunizierbar macht.

> Die Wortwerdung überwindet die Icheinsamkeit eines Gedankens.
>> Ebner (DA 2010, 147)

> Wir wissen nicht, was ohne Sprache denkbar wäre.
>> Benyoëtz (DA 2010, 269)

> Niemand hat mehr Geist, als er Sprache hat.
>> F. G. Jünger (DA ²1994, 266)

Das Angebot an Sprache(n), in die man hineinwächst, ist riesig, unübersehbar, kaum je voll verfügbar. Der Einzelsprecher gewinnt Profil, indem er, so bewusst wie un-bewusst, auswählt, durch Verzicht auf viele Ausdrucksmöglichkeiten sich auf einen ihm gemäßen Kern beschränkt und dadurch sein eigenes Sprachprofil gewinnt. Weg-lassen ermöglicht Konzentration auf Gestalt.

> Die Entwicklung eines Menschen besteht hauptsächlich aus den Worten, die er sich ab-gewöhnt.
>> Canetti (WL 2009, 180)

Der Einzelne gewöhnt sich aus der Gesamtmöglichkeit Sprache nicht nur Wörter ab, auch Syntagmen als bestimmte Denkprozesse, er scheidet damit ebenso Sinnbehaf-tungen und Bedeutungsketten aus. Wortverzichte machen Sinnverzichte. An seiner Sprache, ja an seinen Worten und Wörtern kann man ihn erkennen.

Ob denken immanent geschieht – sprachlos, autonom, unmitgeteilt – oder ob es erst als Sprache zu sich kommt oder ob es den Sprachspeicher auftut, ist nicht zu entscheiden. Gestalt gewinnt es, indem es in Sprache, in geformte, bereit liegende und verfügbare Sprache eingeht, in Sprache baut und formt.

> Die Sprache hat das Denken nie zu Gesicht bekommen.
>> Valéry (WL 2009, 137)

Sprache ist Kommunikation und darum nach außen gerichtet, Sende- und Emp-fangsanstalt, verwandelt das auszusendende Gedankliche in Worte und einverwandelt das empfangene Gesendete in Gedanken.

Macht der Sog der Sprache süchtig? Sprach- und sprechsüchtig? Entzündet sich als Rhetorik nicht Sprechen an Sprechen? Sprache kann gestalthaft in den Empfän-ger eingehen und ihn überwältigen.

> Hat man einmal den Saft der Wörter gekostet, so kann ihn der Geist nicht mehr entbeh-ren; er trinkt den Gedanken.
>> Joubert (WL 2009, 56)

Denken ist auf Sprache angewiesen, ist Sprache. Ohne sie entzöge es sich der Mitteilbarkeit, auch dem Bewusstsein, das sich am Gegen-Stand seiner bewusst wird. Gehend auf dem Saumpfad der Grenze entlang, sind wir offenbar mit einem Fuß in diesem, mit dem anderen in jenem Feld. Jedes Wort ist belastet, vor-belastet, nach Nietzsche „ein Vorurteil" (KSA 2222, 577). Ja, es wäre die Sprache, die in uns denkt.

> Die Sprache bildet ein und denkt sich aus.
>
> Benyoëtz (DA 2010, 265)

Es denkt in uns. Nicht: ich denke. Das *cogito ergo sum* steht in Frage, wenn nicht ich denke, sondern ein Menschlich-Allgemeines, historisch Gewordenes in mir denkt. Auch durch mich denkt und sich weiter entwickelt. Sprache gibt Bausteine, Fertigteile, Baupläne des Denkens vor. Indem ich diese meinem Wesen, Rhythmus, Horizont und Zielen entsprechend verwende oder weglasse, baue ich mein Haus der Sprache. Darum gibt es viele, schier unendlich viele Häuser der Sprache: individuelle, lokal- und kulturtypische, naturgewachsene und zwangsgeordnete, üppige, armselige und wüstenleere. Der Denkende scheint er selbst, der Sprechende arbeitet aus Sprache, doch nicht ohne Spielräume und Profilierungen.

Schweigen und Sprechen

Urzustand Schweigen?

Stünde Schweigen zwischen Denken und Sprechen? Wäre es die verschlossene Türe dazwischen? Fesselt oder löscht es Gedachtes? Hält es Gedanken bewusst und vorsätzlich zurück? Oder wäre Sprache als Gefäß, ja Körper ungenügend?

Sprachgeschädigte und sprachungebildete Menschen leiden an Unfähigkeit, Sprache zu meistern, Mystiker an ihrer Unzulänglichkeit zum Ausdruck transzendierender Erfahrungen. In extremen Fällen denkt die Sprache nicht, sondern beschränkt das Denken, jedenfalls seinen Ausdruck.

Steht das Schweigen dazwischen? Ist es Ausdruck vertrockneter Öde oder von Dämmen zurückgestaut? Verbirgt es nichts und wäre Zeichen des Nichts oder hemmt es unkontrollierte Überflutungen? Wehe, wenn der Damm bräche. Gestautes Denken würde in Sprach-Tsunamis Bewohntes und Gewohntes mitreißen.

> Wer in seinem Sprechen die Windstille ist, kann in seinem Schweigen ein Orkan sein.
>
> Kudszus (DA 2010, 201)

Die Macht der Stille und die Wucht des Schweigens waren nicht nur Mönchen oder den Stillen im Lande seit je vertraut. Sie misstrauten lärmenden Auseinandersetzungen ebenso wie schweigenden Mehrheiten, die audiovisuelle Medienmacht über sich ergehen lassen und selbstbestätigenden Umfragen ausweichen. Denn Worttrommelfeuer soll Eigendenken treffen und auslöschen. Also schweigen? Gegen-Schweigen?

> Das Echo des Schweigens ist unüberhörbar
>
> Lec (WL 2009, 190)

Zurückhaltung wird notwendig, wo Inhalte und Sinn nicht vermittelbar scheinen oder das Instrument der Vermittlung, die Sprache, nicht zureicht. Wittgensteins bekanntes Diktum lässt sich derart ausloten.

> Wovon man nicht sprechen kann, darüber muss man schweigen.
>
> Wittgenstein (DA 2010, 164)

Demnach ließe sich Gedachtes, in Sprache Gedachtes und Bereitstehendes, zurückhalten durch Nicht-Sprechen, durch Sprechverweigerung.

Kehren wir diesen Aphorismus gewissermaßen um, indem wir Richard von Schaukal zitieren. Das Schweigen ist ihm Zeichen des Interesses, zuzugewinnen zu dem, was im Hörer bereit liegt und antworten, zuerst aber sich bereichern und berichtigen will. Der intensive Hörer schweigt, um Dialogpartner auf gleicher Augenhöhe sein zu können. Hören bedeutet geistigen Zuwachs durch Konzentration.

> Nur wer etwas zu sagen hat, hört zu.
>
> Schaukal (DA 2010, 139)

Durch Schweigen tut sich der rechte Hörer kund. Er besetzt die Gegenposition zu einem Rhetoriker, und gibt sie nicht preis.

Das Verhältnis von Denken, Schweigen und Sprechen wurde zum unvermeidlichen Thema von Lyrikern und Aphoristikern des vergangenen Jahrhunderts, und wird es bleiben. Vor allem Elásar Benyoëtz, zwei- oder mehrsprachig, wendet es hin und her.

> So lange man schweigt, hat man noch etwas zu sagen.
>
> Benyoëtz (DA 2010, 204)

> Reden kann nichtssagend sein, Schweigen nicht.
>
> Benyoëtz (Be 2009, 23)

> Es schweigt sich leichter, als es sich sagen lässt.
>
> Benyoëtz (WL 2009, 223)

> Die Sprache ist das ferne Echo des Schweigens.
>
> Benyoëtz (DA 2010, 262)

Dem Menschen als einem Wesen, das Sprache hat, einem unentfliehbar sozialen Wesen, muss Schweigen Selbstdisziplinierung, Ichunterdrückung, Zurückhaltung und Verzicht, d. h. Zwang gegen sich selbst bedeuten. Denn er will, er muss kommunizieren, teilhaben als Mensch und teilnehmen am Gemeinsamen. Schweigen ist Abwarten, Zuwarten, Ausweichen, Nichtssagen. Unterbricht es auch nur ein Wort, ist das Schweigen gebrochen, nicht unterbrochen. Schweigen und Warten lassen sich vergleichen, als selbst auferlegte Passivitäten, künstliche Dämme gegen Kommunikationsbedürfnisse und Sprechnöte.

> Das Warten
> kann man aufgeben,
> nicht unterbrechen.
>
> Benyoëtz (Be 2007, 97)

Benyoëtz peilt, wie zitiert, das Problem immer wieder an. Stets stellt er das Schweigen dem Sagen gegenüber. Dialektik strukturiert die knappe Syntax. Um Schweigen zu bezeichnen, benötigt er das Sagen. Das Schweigen verbirgt und birgt zugleich in der Weise des *si tacuisses philosophus mansisses*. Es ist beredt im Gegensatz zu einem Reden, das nichts sagt. Die Qualität des Schweigens benötigt das stets unzureichende Sagen, ja Sprache selbst wäre nur ein Widerhall des Schweigens, das Denken und Gedachtes verschweigt. Die Gefahr der Sprache als Gefährdung des Denkens ermisst sich am Schweigen. Demnach müsste man schweigend oder durch Schweigen kommunizieren, miteinander wort-los reden und verkehren. Aphoristiker scheuen das Paradoxe, ja das Absurde nicht. Sie treiben Widersprüche auf die Spitze, um Nachdenken zu evozieren.

Kann man aber die Welt als Sprache, in der wir leben, negieren, sie zurückdrehen auf wortlose Sprache, ja auf Sprachlosigkeit schlechthin? Die Verständigung müsste dann durch Zeichen, Gebärden, Blicke und Handlungen geschehen, rudimentär und oft missverständlich. Einfache Basiskonventionen wären aber immer noch Sprache.

Minimum an Wortsprache wäre der Einwortsatz, Minimum dessen wiederum das Einsilben- oder Einlaut-Wort: z. B. Ach! O! Verzichtet man auch darauf, was denkerisch möglich scheint, kehrt man in den Zustand der Wortlosigkeit zurück, aus dem wir uns nach der Geburt mühsam und zugleich spielend herausgearbeitet haben, froh, ja stolz auf die wachsende Teilhabe, ausgebaut aufgrund der zunehmenden Sinnbesetzung und Vernetzung der Neuronen. Man kann auch zurückdenken:

> Noch an einem Einwortsatz kann man arbeiten: Man kann ein Wort streichen.
> A. W. 31.12.2010

Was aber dann? Der Schallraum würde zum Leer-Raum des Schweigens. Begänne damit erst das eigentliche zwischenmenschliche Verstehen?

> Wenn alle Wörter verbraucht sind, beginnen Mensch und Mensch sich zu verstehen.
> Lec (WL 2009, 189)

Oder aber endet im Verstummen oder durch Verstummen, im Schweigen also, menschliches Leben?

> Alles Denken ist wesentlich optimistisch. Der vollendete Pessimist würde verstummen und – sterben.
> Morgenstern (DA ²1994, 198)

Demnach setzt sich vorzeitig dem mentalen und physischen Tod aus, wer Sprache hat oder haben könnte und auf sie verzichtet.

Aphorismen stellen Fragen des Denkens und des Schweigens. Sie, wie auch Lyrismen, scheinen vor dem Dunkel auf, als seien sie aus Nacht und Nichts geboren. Das Neue, bisher Ungehörte, benötigt offenbar zur Sichtbarmachung seiner (Licht-)Gestalt den weltraumtiefen Kontrast.

Wort als Schöpfung

Aphoristiker reflektieren, wie Lyriker, immer neu auf das Phänomen Sprache, in der sie leben und durch die sie sich ausdrücken. Sie unterscheiden selten zwischen Wort, als Einzelelement, und Sprache, als Addition oder Gesamtkonstrukt von Wörtern. Oder von Worten? Sie summieren nicht Wörter wie zu Wörterbüchern, sondern prägen nichtaddierte Worte. Die beziehen sich unausgesprochen auf „das Wort" biblischer Herkunft, auf den Logos, der in den Worten aufleuchtet. Sie benützen Wörter, um Worte zu schaffen. Und sie bilden aus Wörtern Sätze, deren Sinn sie zu Sprache macht.

> Das Wort hat den Menschen erschaffen.
> Schaukal (DA 2010, 139)

Gerade die Knappheit dieses Aphorismus spitzt die Auslegung auf den Doppelsinn zu: auf die biblische Aussage von der Schöpfung des Menschen durch „das Wort" (nicht etwa durch Gottes Sprache), andererseits auf die Ontogenese des Menschen durch die Entfaltung der Sprachfähigkeit. Beides dürfte gemeint und durch die Prägnanz des Satzes gesichert sein: Dass der einzelne Mensch, vom Logos erweckt und gerufen, selbst den Logos ausbildet und damit teilhat an Schöpfung und Menschheit. Das „Wort" bedeutet den Freibrief auf Ebenbildlichkeit des Menschen mit seinesgleichen. Letzte Worte sprechen Sterbende. Solange überhaupt Menschen leben, kann es kein letztes Wort geben.

In ähnlicher Weise bietet Hugo von Hofmannsthals Aphorismus eine doppelte Bedeutung an.

> Das Wort ist mächtiger, als der es spricht.
>
> Hofmannsthal (WL 2009, 155)

Die Gewichte allerdings scheinen schon auf das Sprechen in einer Sprache verschoben, wenn auch die biblische Logosvorstellung mitschwingt.
Elazar Benyoëtz verlässt die Sphäre des doppelten Sinnes nicht völlig.

> Ein Wort gibt das andere. Das ist die große Gabe.
>
> Benyoëtz (Be 2007, 21)

> Vertrauten wir der Sprache nicht, wie könnten wir den eigenen Worten Glauben schenken.
>
> Benyoëtz (Be 2007, 156)

Zweifellos enthält die Vorstellung von der „großen Gabe" der Worte die Perspektive der Begabung des Menschen mit Sprache, und auch die Glaubhaftigkeit durch „Glauben" an die „eigenen Worte" entspringt dem grundsätzlichen Sprach-Vertrauen. Man sollte nicht überhören, dass hier ein Glaube angesprochen ist.

Rufen wir ins Gedächtnis, dass mit der Autonomisierung des Ichs in Aufklärung und Klassik der Sprache eine zentrale Funktion zugesprochen wurde. Während in der Barockzeit um Formen und Formung der deutschen, als Logos gegebenen Sprache gerungen wurde, setzte mit der Ich-Philosophie die Sprachphilosophie eigentlich erst ein, angestoßen von Hamanns These des göttlichen Ursprungs der Poesie als Wurzel der Sprache, ausgeprägt in Herders Kulturphilosophie, die weitgehend Sprachphilosophie ist, die das Gewachsene, Volkhafte und Wirksame betont, so wie Goethe den Famulus Wagner von Faust belehren lässt, dass Sprache „von Herzen gehen", also unmittelbar sein müsse. Über Sprache philosophierten Wilhelm von Humboldt und Friedrich Schleiermacher, und kaum ein Philosoph kann seitdem den Aspekt vernachlässigen oder aussparen.

Herder hatte die Grammatik in seine Sprachphilosophie einbezogen, ja zum Zentrum gemacht. In einer Weimarer Schulrede (1780) sagte er: „Grammatik ist Philosophie der Sprache, und die Sprache ist ja der Umfang der menschlichen Begriffe ..." (zit. nach Weber 1999 II 139).

Während des 19. Jahrhunderts verlagerte sich der Schwerpunkt der Sprachreflexionen in sich differenzierende Sprachwissenschaften, bis zu Linguistiken, die Computer-Sprachen speisen. Aphorismen dazu kommen nicht vor.

Sprache als Gegebenheit

Die Sprachen, in die wir hineinwachsen, sind vor uns da, sind gegeben als Konventionen, die sich wandeln, mit und durch den Menschen, Übereinkünfte, die veralten und sich erneuern. Die Sprache scheint das Übergreifende, Dauerndere über Raum und Zeit hinweg.

> Die Sprache staut die Zeit und stützt den Raum.
>
> Handke (DA 2010, 276)

In den Raum-Zeit-Koordinaten erweist sich allerdings Sprache durch Elastizität stabil, doch evolutionär und relativ in weiteren Kulturspannen. Und selbst sogenannte tote Sprachen leben in Transfusionen fort als Fremdwörter, Lehnwörter, Syntaxprinzipien.

> Noch ehe wir den Mund zum Sprechen öffnen, öffnet die Sprache uns die Augen.
>
> Benyoëtz (DA 2010, 264)

> Es handelt sich nicht darum, uns in der Sprache, sondern die Sprache in uns auszuprägen.
>
> Hofmannsthal (DA ²1994, 209)

Das liest sich auf den ersten Blick, als ob wir keinen Spielraum hätten, der Aktivitäten erlaubt. Wie wir jedoch die uns begegnende spannungsreiche Sprache „ausprägen", in der *parole* die spezifische Sprache unseres Ichs entwickeln, ist dem einzelnen überlassen und aufgegeben. Ob er an Sprache verarmt oder sich bereichert, ist Sache des Sprechenden. Gehindert wird er nicht, auch wenn die Startbedingungen nicht für jeden gleich sind. In Dialekte und Soziolekte muss er hinein- und kann er herauswachsen. Sprache begrenzt durch Raum und Zeit (siehe Handke), sie überwindet aber auch Raum und Zeit. Sie macht frei. Sprachverheißung grenzt gar an Glauben, an die Glaubwürdigkeit des Gesprochenen.

> Der verbreitetste Glaube ist der an Worte.
>
> Schaukal (DA ²1994, 232)

In Goethes „Faust" ironisiert Mephisto diesen Wortglauben, indem er dem Erstsemester rät:

> Im Ganzen – haltet euch an Worte ...   (1990)
> Mit Worten lässt sich trefflich streiten,
> Mit Worten ein System bereiten,
> An Worte lässt sich trefflich glauben,
> Von einem Wort lässt sich kein Jota rauben.   (1997 ff.)

Schaukals Aphorismus schneidet das Problem der verbreiteten Wortgläubigkeit an, die Fehl- oder Irrgläubigkeit sein kann, nicht aber Ungläubigkeit.

Sprachwirkungen

Begrenzen Horizont und Perspektive die Dimensionen des Sehens, wirken unsichtbare Schallwellen oft unentrinnbar. Lärm stört und provoziert.

> Man kann leichter wegschauen als weghören.
>
> A. W. 9.6.1991

Ein Bild kann man zuhängen oder löschen, ein ausgesprochenes Wort nicht.

> Niemand holt sein Wort wieder ein.   Busch (DA ²1994, 147)

Versuche nachträglicher Korrekturen wirken meist kläglich und bedürfen des Wohlwollens des Rezipienten.
Elias Canetti formuliert dies in einem Aphorismus, der „Worte" und „Sprache" als Wirkung nach außen und Rückwirkung auf den Sprecher in Opposition setzt, und Gerhart Hauptmann sieht gerade im direkten Wort die beste Wirkung.

> Er erkannte die Wirkung seiner Worte und verlor darüber die Sprache.
>
> Canetti (DA 2010, 216)

> Worte sind Fehlschüsse, aber unsere besten Treffer.
>
> Hauptmann (DA ²1994, 169)

Wie schon bei Busch vernommen, ist das Gesagte uneinholbar, alle Wirkungen fallen zurück auf den Sprecher. Worte also können sprachlos machen.
Goethe formuliert milder, hat aber dieselbe Rückwirkung im Sinn.

> Jedes ausgesprochene Wort erregt Gegensinn.
>
> Goethe (WL 2009, 57)

Umso mehr „Gegensinn", je schärfer und schneidender die „Worte" gesprochen sind.

> Harte Worte, auch wenn sie nur zu berechtigt sind, beißen doch.
>
> Sophokles „Ajax" (Rana 58)

Worte und Sprache können verletzen, oft unheilbar verwunden, bis zur Auslösung von Mord, Totschlag, Krieg.
Als menschliche Aktivitäten und Aktionen sind Sprache und Sprachen, Worte und Wörter historisch bedingt. Sie wandeln sich nach Färbungen, Vorlieben, Bedeutungen. Ein Wort hat einen Hof von Sinnmöglichkeiten, die erst der Gebrauch als Ort

im Satz fixiert, besser: annähert. Das Einzelwort ist mit den möglichen Bedeutungen unterwegs, um im Einzelfall anzudocken unter entsprechender Zuspitzung des Sinns. Der Fall erspürt die Sinnmöglichkeiten und schränkt sie ein, bleibt aber zeitbedingt begrenzt. Denn das gegenwärtige Wort will von den Zeitgenossen verstanden werden. Beide, Sinnakzentuierung und Zeithorizontbegrenzung, erlauben erst eine gelingende Kommunikation. Benyoëtz hat diese Probleme mehrmals angeschnitten.

> Das Wort tritt seinen Sinn wie eine Reise an.
>
> Benyoëtz (DA 2010, 269)

> Seiner Austauschbarkeit widerstehen kann das Wort nur in einem Satz.
>
> Benyoëtz (Ben 2007, 39)

> Man kommt über seinen Wortschatz so wenig wie über seine Zeit hinaus.
>
> Benyoëtz (Ben 2007, 28)

Die Strukturbedingungen einer Sprache wurden kaum Thema in Aphorismen. Die systematisieren eben nicht Sprache zu Philosophien und Grammatiken, sondern verweisen auf die Möglichkeiten eindringlicher Knappheit, zugleich Lockerheit und Leichtigkeit.

> Wenn die Wörter gut gewählt sind, sind sie Abkürzungen von Sätzen.
>
> Joubert (Fre 1987, 43)

> Ein guter Satz hat viele Fenster.
>
> F. G. Jünger (DA 2010, 191)

Die Forderung nach Offenheit, Durchlichtung und Durchlüftung scheint vereinbar mit aphoristischer Kürze, in der sie prägnant vorgetragen wird. Dass gerade Konzentrate offen und hell sein sollen: Das zu leisten, heißt aphoristische Paradoxa meistern.

Wir wachsen in die Sprache hinein, in die wir hineingeboren sind, normalerweise in eine unter vielen. Es geschieht ein Doppeltes: Wir eignen uns Sprache an und werden der Sprache zu eigen. In ihr zu denken und aus ihr zu sprechen scheint selbstverständlich, bis dahin, wo Stummheit und Sprachausfälle begegnen. Das Selbstverständlich-Alltägliche wird gebraucht, verbraucht, missbraucht; ungepflegt und unterernährt vertrocknet es zu einer Minimal-Flora, die noch einer primitiven Kommunikation genügt, weil man nichts Besonderes zu sagen oder für Besonderes keine Worte hat. Sprache verkümmert in digitalen Netzen zu formelhaften Abbreviaturen, die Formeln der Mathematik, Physik und Chemie ähneln: Kommunikation auf abstrakten Nenner, klanglos, farblos, bildlos, taktlos, ja leblos. Sprache, maschiniert, geschieht als genormte Ware im Ausstoß auf Fließband. Rationalisiert? Kaum das. Denken scheint nicht mehr erforderlich. Nur bei Reparaturen wird man aufmerksam und verlegen. Normalerweise wird Sprache (noch) als Vehikel für Mitteilungen benötigt; denen genügt ein minimaler Wortschatz und eine dürftige, meist additive, Syntax. Sprachverarmung zeigt sich nackt. Sie ist immer auch Verarmung des Geistes und Verdorrung der Seele, weil Nahrung, Zuwächse und Aufbrüche fehlen.

Die schrumpfende Verkrustung brechen nur Zusammenstöße auf, durch andere Menschen, andere Sprachgruppen, andere Sprachen. Während man im gewohnten Umfeld nur nach transportierten Inhalten fragt – auch Literaturwissenschaftler suchen oft nur Inhalte und Probleme – hört man an fremden Sprachen, deren Sinn man kaum versteht, vor allem den anderen Klang, die andere Farbe und die andere Weise zu sprechen, ein anderes Leben. Das Fremde spiegelt auf das Eigene zurück.

> … Den Klang einer Sprache hört eigentlich nicht, wer sie versteht: denn seine Aufmerksamkeit geht augenblicklich und notwendig vom Zeichen zum Bezeichneten über, dem Sinn. Schopenhauer (Sen. 169)

> Wer fremde Sprachen nicht kennt, weiß nichts von seiner eigenen.
> Goethe (DA ²1994, 36)

An dem, was wir nicht sind, werden wir unser inne. Kontraste profilieren das Ich, auch sprachlich.

Verschriftete Sprache

Bewusste Kontrastierung erfordert kritisches Selbstbewusstsein und Selbstkontrolle. Sie ist in spontanen Sprechakten schwierig. Die Schreibsituation dagegen distanziert durch Verzögerungen des Sprachaktes, erlaubt Unterbrechungen und Verbesserungen durch auswählende Stilistik. Wer, wie der Briefschreiber alter Art, sich wohlwollend in den Briefpartner versetzt, will Distanz überwinden.

> Die Optimisten schreiben schlecht. Valéry (WL 2009, 143)

Georg Christoph Lichtenberg, Zeitgenosse der gewaltigen Büchervermehrung und der Leserevolution, stand der Sturmflut des Geschriebenen und Gedruckten höchst kritisch gegenüber.

> Das viele Lesen hat uns eine gelehrte Barbarei zugezogen.
> Lichtenberg (I 615)

> Wenn ein Buch und ein Kopf zusammenstoßen und es klingt hohl, ist das allemal im Buch? Lichtenberg (I 291)

> Ein Buch ist ein Spiegel, wenn ein Affe hineinguckt, so kann freilich kein Apostel heraus sehen. Wir haben keine Worte, mit dem Dummen von Weisheit zu sprechen. Der ist schon weise, der den Weisen versteht. Lichtenberg (I 394)

Sprache und Schrift machen Gleiche, sind gleich unter Gleichen, damit Basis von Freiheit. Sie versagen aber Freiheit und Gleichheit, wenn der eine nur von seinesgleichen oder gar nicht verstanden werden will, der andre aber nicht verstehen kann, weil ihm die Antennen fehlen, er Sprache nicht ergriffen und ausgebildet hat oder er sich grundsätzlich verschließt. Niemand kann für ihn sprechen, lesen und schreiben.

Rhetorik

Unverhältnismäßig häufig setzen sich Aphorismen mit dem Rhetorischen auseinander, als wollten sie ihre Gegenposition markieren und stärken. Satz-, Wort- und Sinnkonzentrationen stehen gegen artistisch durchkalkulierte, Sprachmittel gezielt einsetzende, akzentuiert repetierende, gar komponierte Wortfluten, denen schwer zu entkommen ist: fragende Offenheit also gegen überwältigende Scheinsicherheit, gegen Kunst der Überredung.

Kunst? Von altersher stapeln Rhetoren Meisterwerke der Prosa auf, vor allem für politisch-forensische Zwecke in den hellenischen *Poleis*, den Stadtstaaten, mit ihren öffentlichen Volksversammlungen auf der *Agorá*. Rhetorik ist ein demokratisches Phänomen: durch Überredung Überzeugungen schaffen und Mehrheiten gewinnen. Sie stiftet Heil und Unheil, je nachdem der Rhetor voll hinter dem steht, was er sagt, oder ob er selbst davon nicht überzeugt ist. Dann wird Rhetorik gefährlich, verführerisch, Worthochstapelei, weil sie sich keine Grenzen setzt. Sie will Erfolg, unter Einsatz aller Mittel. Und deren gibt es Kataloge voll: Rhetoriken.

Studien des Rechts waren immer zugleich Studien der Rhetorik, bis in neuere Zeiten. Als das Recht kodiert wurde und Schriftlichkeit Akten auftürmte, trat sie zurück, behauptete sich aber im politischen Geschäft, in Parlamenten und Medien. Wissenschaftlich steht sie eher verlassen zwischen Jurisprudenz und Philologie. Werbefirmen haben sie psychologisiert und technifiziert.

In früheren Zeiten war der Rhetor wirksam und geachtet. Im Athen des 5. vorchristlichen Jahrhunderts spielten Demosthenes oder Perikles eine dominierende Rolle, Cicero in Rom (1. Jh. v. Chr.). Mission und Glaubensbelehrung kamen nie ohne Rhetorik aus. Johannes Chrystomos (der Goldmund), der Kirchenvater aus Kappadokien (4. Jh.), oder die Dominikaner David von Augsburg (13. Jh.) und Geiler von Kaysersberg (15. Jh.) beispielsweise waren berühmte Prediger. Das Barock war ein rhetorisches Zeitalter schlechthin.

Während Sokrates (5. Jh. v. Chr.) um des Erkennens willen philosophierte und in Dialogen Wahrheiten freilegte, bildeten Rhetorikschulen, die Beredsamkeit lernbar machten, Sophisten, wörtlich die Weisen, Lehrer der Weisheit. Sie zielten, hochstilisiert, auf Behauptung von Rechtsansprüchen, Verteidigung von Angeklagten, Durchsetzung von politischen Ideen. Dazu waren raffinierte Argumentationen bis in Spitzfindigkeiten, Scheinschlüsse, Wortsinn-Verdrehungen, überwältigende Wortbrillanz, repetierende Eindringlichkeit u. a. willkommene Methoden. Sophistik wurde schließlich zum Sammelbegriff unredlicher Beredsamkeit und blendend-täuschenden Sprachgebrauchs, grob gesagt: für Lug und Trug.

> Der Kranke verlangt nicht nach einem Arzt, der redegewandt ist.
>
> Seneca (Rana 141)

Es ist nicht von ungefähr ein Stoiker, Seneca, der Wissen, Entschiedenheit und Wortknappheit am Krankenbett fordert, also aphoristisches Sprechen, so wie die ersten Aphorismen entstanden sein sollen. Der Kranke will keine Diskussion, kein

Gerede, das für ihn nur Geschwätz sein kann. In existentieller Not will er keine Worte, die nicht von Existenz gedeckt sind. Der Redende steht mit seinem Sein für das, was er sagt, nicht unverbindlich, vielmehr in voller Verbindlichkeit. Er spricht mit Wahrhaftigkeit, die sich dem Wahren nähert.

Stanislav Lec konfrontiert das klare Wort mit dem, was darüber hinausgeht, dem Geschwätz.

> Ein Wort genügt – der Rest ist Geschwätz.　　Lec (WL 2009, 188)

Auch Pathetik verhüllt Mängel im Denken und meidet Unmittelbarkeit.

> Pathos ist Faulheit der Logik.　　Kasper (DA 2010, 234)

Worte machen ist leichter als Zugreifen, Helfen und Tun.

> Am längsten redet, wer die schwächsten Argumente hat.
> A. W. 13.11.2010

Zweifellos, Unredlichkeit will betäuben statt klären, ablenken statt lenken, verführen statt führen.

Rhetorik gilt heutzutage eher als Marke von Unredlichkeit, Unwahrhaftigkeit, Argumentationsschwäche, Ehrlichkeitsmangel, als Selbstbetörung und Zeichen der Hohlheit, also mangelnder geistiger und charakterlicher Substanz.

> Hohle Gefäße geben mehr Klang als gefüllte. Ein Schwätzer ist meistens ein leerer Kopf.　　Platen (DA ²1994, 105)

> In leeren Köpfen finden Phrasen stärkeren Widerhall.
> Petan (WL 2009, 216)

Die Kritik am Geschwätz trifft den ganzen Menschen. Karl Kraus nimmt das bekannte Sprichwort; er tauscht ein einziges Adjektiv aus („leer" statt „voll") und dreht den Sinn ins Gegenteil: Geschwätz kommt nicht aus Überfülle, sondern aus Mangel an Substanz, aus Hohlheit.

> Wes des Herz leer ist, des geht der Mund über.
> Kraus (DA 2010, 129)

Nicht nur inneres Unbeteiligtsein tarnt sich in Phrasen; sie sind vielmehr Folgen der Unfähigkeit zu Teilnahme und Unmittelbarkeit.

Phrase wird auch das gemimte Schweigen, das aber nicht schweigt, sondern vom Schweigen redet. Wie sagt man Schweigen? Ein unlösbares Problem, von Gommringer so zu lösen versucht, dass er, zentral in ein Rechteck, gefüllt mit den Worten „Schweigen" eine Leerstelle beließ. Da sollte Schweigen verwirklicht sein. Ironie spießt den Widerspruch des Redens über Schweigen auf.

> Lob meinetwegen das Schweigen –
> Aber sprich gut und viel darüber.
>
> Hohl (DA 2010, 211)

Im Gegensatz dazu stellt sich der Laute, Lärmende, der durch Abstumpfung nur erreicht, dass man sich ihm verschließt.

> Wer lärmt, wird wahrgenommen. Wird er auch für wahr genommen?
>
> A. W. 11.11.2010

Übertreibung der Sprachmittel, ihr gesteigerter inflationärer Einsatz scheinen Willensakte, die Schwäche übertrumpfen wollen.

> Alle Dichter und Schriftsteller, welche in den Superlativ verliebt sind, wollen mehr als
> sie können. Nietzsche (KSA 2222, 436)

Rhetorik bewirkt schließlich das Gegenteil ihrer Absichten. Die Hörer werden misstrauisch, verschließen sich, lassen das Gerede abprallen und abrinnen. Denn Wort-Tsunamis überfluten Gegen-Denken und Gegen-Reden. Wenn alles, ja wenn mehr als zuviel gesagt ist, was wäre noch zu sagen? Worte sind verbraucht, Sprache wird zwecklos und hebt sich auf.

> Wer für alles Worte findet, macht uns sprachlos.
>
> Kudszus (DA 2010, 205)

Sprachlos, wortlos, kommunikationslos, gewalttätig.

> Wer totgeredet ist, kann nicht widersprechen.
>
> A. W. 13.11.2010

Nochmals verschärft:

> Rhetorik:
> Sprachgewalt –
> tätigkeit Benyoëtz (Be 2009, 21)

Aphoristiker widerstreben dem Rhetoriker. Sie brandmarken Rhetorik als egoistische, akustische und mentale Gewaltausübung, die dem anderen Raum und Zeit des Sprechens nimmt, ihn geistig verkürzt, ob beabsichtigt oder nicht.

Auf derselben Stufe stehen die Selbstanpreisungen von Autoren und Künstlern. Das Werk muss aus sich und für sich reden, nicht der Werkmann.

> Der Autor hat den Mund zu halten, wenn das Werk den Mund auftut.
>
> Nietzsche (KSA 2222, 436)

> Je nichts-sagender das Werk,
> desto viel-sagender der Autor. A. W. 11.11.2010

Irrtum und Wahrheit

Irren: Kriterium des Lebens?

Errare humanum'st.	Lateinisches Sprichwort
Jeder Irrtum hat seinen Existenzgrund.	Multatuli (WL 2009, 101)
Cogito ergo sum.	Descartes
Es irrt der Mensch, solang er strebt.	Goethe „Faust" (317)
Es irrt der Mensch, solang er lebt.	Sprichwort
Es lebt der Mensch, solang er irrt.	Hille (DA 2010, 102)

Sechs Aphorismen sind bemüht um eine Beschreibung oder Bestimmung des Wesens des Menschen. Dazu gehört die Möglichkeit, ja Wahrscheinlichkeit von Irrtümern. Das lateinische Sprichwort schon schließt Irrtumslosigkeit aus. Den Gymnasiasten im Dritten Reich wurde es erschlossen als Beispiel der Elision im Sprechgebrauch, d. h. das Ausfallen des e von *est* und des Verschmelzens der Restbuchstaben st mit dem Wort *humanum*. Die Verkürzung auf zwei Worte, die sich eigentlich ausschließen sollten, macht den klassischen Aphorismus. Der Sinn wurde nicht erörtert. Weiß doch jeder um seine Irrtümer. Ob aber menschliche Unfehlbarkeit zu Zeiten des Führerprinzips nicht in Frage gestellt werden sollte, entzieht sich meiner Kenntnis.

Die Definition des Ichs, also des Menschen durch das *cogito* … des René Descartes wurde und wird durch kein *errare* eingeschränkt. Wenn aber Denken auch irren kann, hätte die Formel lauten müssen: *cogito et erro, ergo sum.* Der Verzicht auf das *erro* führte zur Dominanz des *cogito* im philosophischen Weltbild der Aufklärung. Ein funktionierender und richtig eingesetzter Verstand garantierte gewissermaßen Wahrheit, weil er Irrtümer auszuschließen vermochte. Die Schärfe des Intellekts war die Waffe der Intellektuellen. Argumentative Unwiderleglichkeit verschaffte der Ratio Anspruch auf Unfehlbarkeit.

Auch Multatuli (Ps. Für Eduard Dekker, 1820 – 1887) verankert jedwedes Irren im Wesen des Menschen: der Zeitlichkeit, Horizontbegrenztheit, Perspektivität, Sozialgebundenheit, Unwissenheit, aber auch Sorglosigkeit, Oberflächlichkeit, in Informationsmängeln oder Fehlschlüssen. Eine dieser Bedingungen genügt, um einen Irrtum auszulösen. Irren, Einsehen, Korrigieren relativiert die Autonomie und damit jeden unbedingten Wahrheits- und Machtanspruch. Auch Mehrheiten, die eben von Einzelmenschen gebildet werden, sind vor Irrtum nicht gefeit. Dass der Mensch nicht nur irren kann, sondern irrt, macht ihn menschlich. Ist er doch stets aufgefordert, sich und seine Erfahrungen zu überprüfen, seine Entscheidungen zu bedenken und überdenken zu lassen, anderen Menschen Irrtum zuzugestehen und andere Meinungen zu tolerieren. Irrtum, so könnte man überspitzen, macht menschliches Miteinander, macht Leben möglich.

Dass der Mensch irre, solange er strebe, wird im „Faust" vom Herrn dem Teufel gegenüber eingeräumt, aber auf den beschränkt, der „strebt", d. h. der über das Gegebene und Bekannte hinausdringen will; denn Erkennen, Erschließen und Gestalten dienen dort dem Plan dieses Herrn, bleiben in seiner Hand und kehren zu ihm zurück.

Setzt man aber in „strebt" statt der Konsonantengruppe „str" den Konsonanten „l" („lebt") ein, verallgemeinert sich das Irren als Möglichkeit aller Menschen und gewinnt die antike Position zurück. Denn wenn nur der strebende Mensch irrte, bliebe dann der Nichtstrebende irrtumslos? Existierte dieser paradiesisch oder initiativ- und tatenlos?

Peter Hille nun kehrt den Sinn um, indem er die Verben in Haupt- und Konditionalsatz austauscht und damit eine überraschend neue Sicht auftut. Irrtum wird nun nicht mehr zugelassen oder toleriert, nicht mehr an ein Streben über sich hinaus gebunden, sondern als ein entscheidendes Kriterium menschlichen Lebens benannt. Wer nicht irrt, lebt noch nicht oder nicht mehr. Leben heißt irren, ohne Ausnahme, bedeutet Fehlbarkeit in der Vergänglichkeit. Das belastet alle Lebenden und tröstet sie zugleich. Es stößt sie hart an die Grenzen und verweist sie auf Selbstkritik, Nachsicht und Toleranz.

Irrtum: ein Menschenrecht?

Wer seinen Nächsten verurteilt, kann irren. Wer ihm verzeiht, der irrt nie.
Waggerl (DA ²1994, 264)

Verurteilungen, d. h. negative Urteile, beruhen oft auf Fehlinformationen, Übereilungen oder anderen Moral- und Rechtsvorstellungen. Wer urteilt, auch wenn er „nur" bespricht, wertet oder benotet, urteilt aus Vorkenntnissen, Anforderungen, Ansprüchen und Erfahrungen, nicht zuletzt aus Beziehungen von Sympathie und Antipathie, von Wohlwollen oder Abneigung. Der Urteilende muss sich die Relationen klarmachen, um angemessen beurteilen zu können. Auch Beurteilungen sind Urteile, Einstufungen mit Folgen, Hilfen zu Reflexionen und Änderung, Verurteilungen dagegen Ablehnungen, Disqualifikationen, Vorbehalte, denen meist ein inneres unausgesprochenes Strafmaß zugedacht wird, ob es publiziert und exekutiert wird oder nicht. Diese Negativa einer Person belasten den Negierenden manchmal mehr als den Negierten, weil sie voreingenommen und unfrei machen. Das Gebot der Nächstenliebe, das Karl Heinrich Waggerl aphoristisch aufgreift, überspringt Gräben und überbrückt Vorbehalte, die Irrtümer sein könnten. Wenn Rechtsvorstellungen des Urteilenden beiseite gelassen werden, also auf Urteile und Verurteilungen verzichtet wird, kann durch wiedergewonnene Unmittelbarkeit ein Neuanfang gelingen. Ihm ist der Umweg erspart, aus Irrtümern lernen zu müssen. Aber: Verzeihen statt verurteilen, um sich vor Irrtum zu schützen? Und: Gehört Irrtum nicht zum

Wesen des Menschen? Fast müsste man von Mut zum Irrtum sprechen. Aber dann hörte der Irrtum auf, weil man wüsste, dass es ein Irrtum ist.

Ein erkannter, eingesehener und verarbeiteter Irrtum kann zu einer Erneuerung mithelfen, kann endlich als Positivum gebucht werden, das ein Negativum ausgleicht und überwindet.

> Auch diesen Misserfolg haben wir mit Erfolg überstanden.
>
> Petan (WL 2009, 280)

Dürfte man von einem Recht auf Irrtum, vielleicht gar von einem Recht auf Misserfolg sprechen? Jedenfalls machen reflektierte Irrtümer unsere Erfahrungen.

Irrtümer lösen Selbstreflexionen und Selbstkritik aus, es sei denn, dass Uneinsichtigkeit vorherrscht. Ein Zwerg muss sich überheben, wenn der Minderwertigkeitskomplex dominiert, physisch und psychisch benachteiligt zu sein. Ein Hochintellektueller andererseits gibt sich unbelehrbar, weil er sich für rational überlegen hält, es kundtut und mit Argumenten unterfüttert. Beide wollen eben nicht durch Irrtümer hindurchgehen, nicht aus Irrtümern klug werden.

> Je kleiner das Sandkörnlein ist, desto sicherer hält es sich für den Mittelpunkt der Welt.
>
> Ebner-Eschenbach (IX 45)

> Die gefährlichste Sorte der Dummheit ist ein scharfer Verstand.
>
> Hofmannsthal (DA ²1994, 205)

Relationen

Wahrheit und Irrtum sind keineswegs komplementär, doch aufeinander bezogen wie Gut und Böse. Die eine Seite gewinnt durch die andere Profil, sogar Existenz. Könnte man vom Guten reden, wenn es das Böse nicht gäbe, wie von Wahrheit, wenn man nicht irren könnte? Das Problem des Absoluten im Guten und Wahren stellen Aphorismen kaum zur Debatte. Denn das Absolute umkreisen endlose Reflexionen in Hypothesen und Systemen, fundiert in Grundüberzeugungen und Glaubensbekenntnissen. Aphorismen tasten im Raum des Relativen, sprengen ihn punktuell auf.

Die Relationen des Absoluten zum Relativen, dem Bedingten, drängen sich auf. Je unbedingter die absolute Wahrheit gesucht und erstrebt wird, umso tiefer und einschneidender der notwendig folgende Irrtum, wie ein Absturz in ein lichtloses Loch.

> Wahrheit und Irrtum. – Keine Quelle des Irrtums ist so ergiebig wie das Streben nach absoluter Wahrheit.
>
> Butler (WL 2009, 106)

Die Skepsis des 19. Jahrhunderts sieht und formuliert den Zusammenhang fast nach dem Modell kommunizierender Röhren, während frühere Zeiten Glaubenswahrheiten absolut setzten und weder Zweifel noch Irrtum zuließen, sondern auszutilgen versuchten.

Notwendig – denk- und sprachnotwendig – verweisen Aphoristiker auf die dunkle Wand des Irrtums, wenn sie Wahrheit oder Wahrheiten davon abheben. Versprachlichtes oder sprechendes Denken vermag diese nicht zu äußern, zu behaupten und darzustellen, ohne sie vor die Folie einer Gegenthese zu stellen.

> Einer neuen Wahrheit ist nichts schädlicher als ein alter Irrtum.
>
> Goethe (DA ²1994, 28)

> Niemand spricht eine Wahrheit aus, die er nicht mit einem Irrtum verzollen müsste.
>
> Hebbel (WL 2009, 98)

> Lebendiger Irrtum ist besser als tote Wahrheit.
>
> Morgenstern (DA 2010, 122)

Johann Wolfgang Goethe denkt in Polaritäten. Wahrheit wäre immer „neu", weil sie sich gegen Irrtum, der immer „alt" sei, durchsetzen muss. Die Metapher vom Licht, das endlich die Dunkelheit durchdringt, erhellt und aufklärt, gilt in allen Religionen und Weltanschauungen, auch in den Wissenschaften. Goethe mag an Kopernikus und Galilei, aber auch an seine Farbenlehre (gegen Newton) gedacht haben, als er Irrtum als „alt" und „schädlich" verurteilte, was eine „neue Wahrheit" ungeprüft ausschließt. Die Kontrapositionen werden sichtbar: „neu" gegen „alt", „Wahrheit" gegen „Irrtum". Der Schaden, den der Irrtum anrichtet, ist in den Komparativ erhoben und durch die Formel des „nichts – als" verstärkt. Der genau gebaute Aphorismus zielt oder zwingt in eine Richtung: Das Alte muss überwunden werden, weil es im Finstern verharrt, das Neue ist Wahrheit, eben weil es neu ist. Ob „eine neue Wahrheit" – nicht die Wahrheit – nicht auch schädlich sein kann, von der Frage lenkt der Aphorismus ab.

Friedrich Hebbel spricht nicht von Schaden, aber von Kosten, die Wahrheit verursacht. Sie muss errungen und bezahlt werden durch Aufgabe von Irrtum, der sie verdeckt und verschließt. Hebbel spricht auch nicht von „neuer Wahrheit" und „altem Irrtum", die Adjektive würden aber seinen Aphorismus auf den Goethes hin justieren. Man könnte alt und neu konträr einsetzen und eine alte Wahrheit mit einem neuen Irrtum „verzollen" lassen. Ist wirklich Irrtum immer alt und Wahrheit immer neu? Hebbels Aphorismus schließt diese Frage nicht aus.

Christian Morgenstern tangiert eher zu seinem älteren Zeitgenossen Peter Hille, dessen (besprochener) Aphorismus das Irren konstitutiv für das Leben des Menschen setzt. Morgenstern kehrt Goethes Positionen um: Wahrheit sei „tot", Irrtum aber „lebendig". Das Konstrukt jedoch gleicht dem Goethes. „Irrtum" im Kontrast zu „Wahrheit", Leben zu Tod, dazwischen der Komparativ „besser als", der sich optimistischer anhört. Irrtum bedeutet Leben, Wahrheit Tod. Im Vagen sphärischen Dämmers kann Fruchtbarkeit entstehen, nicht aus überlebter versengender, unerbittlicher Klarheit. Ein Aphorismus markiert den Paradigmenwechsel. Alte Denk- und Glaubenssysteme scheinen überholt. Es ist die Zeit von Darwins Evolutionslehre, von Nietzsches Vitalismus und Bergsons Lebensphilosophie, des Impressionismus, der in Expressionismus umschlägt – Leben, in welcher Form auch immer, geht vor Wahrheit, in welcher Formulierung auch immer. Zwischen Goethe und Morgenstern liegt knapp ein Jahrhundert, Hebbel genau dazwischen.

Spuren tiefer als Irrtümer schürfen die Fälle von „Unglück". Dass auch sie zu Glück gewendet und verwandelt werden können, behauptet ein klassisch gebauter Aphorismus, in dem die Achse der „Erkenntnis" von der negativen Perspektive in die positive gewendet wird, besser vielleicht: gewendet werden kann als Möglichkeit, die mit-„schwingt".

> In der Erkenntnis des Unglücks
> Schwingt das Glück der Erkenntnis.
>
> Kudszus (DA 2010, 202)

Doppelte „Erkenntnis" eingangs und ausgangs des Satzes. Genau in der Mitte das Verb „schwingt" markiert den Umschwung von „Unglück" zu „Glück". Erkenntnis beglückt, weil durch sie Unglück durchschaut und aufgehoben wird.

Wissen und Weisheit

Wissen explodiert. Ein vordem ungekanntes Tempo erfasste im 19. Jahrhundert Welterkundung, Materieerforschung, Maschinierung und Mobilität. Sie sprengten das alte Weltbild. Die Vermehrung des Wissens glich und gleicht einer Lawine. Am Anfang des Jahrhunderts konstatierte Friedrich Schlegel:

> Je mehr man schon weiß, je mehr hat man noch zu lernen. Mit dem Wissen nimmt das Nichtwissen in gleichem Grade zu, oder vielmehr das Wissen des Nichtswissens.
>
> Fr. Schlegel (DA ²1994, 75)

Kumulation von Wissen negiert die Frage nach Wahrheit und Weisheit, verdrängt sie weitgehend, wie auch Bildung als Anhäufung von lernbarem Wissen verstanden wird. Einschneidend dagegen der Widerspruch Friedrich Nietzsches:

> Ich will, ein für allemal, vieles *nicht* wissen. – Die Weisheit zieht auch der Erkenntnis Grenzen.
>
> Nietzsche (Si, 2010, 99)

Nietzsche setzt der unübersehbaren Wissensakkumulation die „Weisheit" entgegen, die auch „Erkenntnis" begrenzt. Faustischer Erkenntnisdrang gilt nicht absolut. „Weisheit" beschränkt ihn. Was aber wäre Weisheit?

Ludwig Börne lotet aus, wo Weisheit beginnt.

> Nichts bereuen ist aller Weisheit Anfang.
>
> Börne (DA 2010, 65)

Demnach bestimmt eine Negation den Eintritt von Weisheit, sogar von „aller Weisheit". „Nichts bereuen" fordert, nicht zurück wollen hinter das Heute, nicht Geschehenes ungeschehen machen wollen, nicht sich belasten mit der problematisierenden Aufarbeitung, nicht sich erweichen und schwächen durch Leiden am eigenen Verhalten. Reue, den Vorgang der Selbstreinigung, ausschließen?

Verzicht auf Reue rechnet nicht mit sich ab, befreit nicht von Makeln des Weges bisher, bedauert Vergangenes nicht, vermeidet fruchtloses Fort- und Fortproblematisieren. Der Verzicht soll Kräfte nicht rückwärtsgewandt binden, sondern freimachen, entlasten und zu neuem Anfang befähigen.

Kann Reuelosigkeit durch die Nihilierung schlechten Gewissens ein Zugang zu Weisheit, ja bereits Weisheit sein? Oder wäre Weisheit die Integration des zu Bereuenden als stets motivierendes und korrigierendes Element gegen Selbstzufriedenheit und Selbstüberheblichkeit? Weisheit als Selbstinfragestellung?

Weisheit wäre Qualität, nicht Quantität, nicht Addition von Wissen (von Gewusstem und Wissenswertem), vielmehr: Erfahrenes gereift, geerntet, ausgelesen, gekeltert, gegoren, abgefüllt, damit beständig: Potenz, Qualität auf anderer Ebene. Erlebt, nicht erlernt. Überzeitlich.

Im Allgemeinen freilich haben die Weisen aller Zeiten immer das selbe gesagt …
Schopenhauer (Aph. 8)

Weisheit ist gültig, aber kein Rezept, im Alltag nicht unreflektiert umsetzbar.

Gut ist es, weise zu sein. Besser ist es, nicht weise sein zu müssen.
Brock (DA 2010, 169)

Weisheit als solche ist nicht praktikabel; sie muss unter Bedingungen des Tages und der Situation umgesetzt und angewandt werden, wenn sie nicht weltfremd lehrhaft wirken soll.

Weisheit ist wahr, aber nicht die Wahrheit. Ungenaues Denken pluralisiert beide zu Weisheiten und Wahrheiten, im allegorischen Reden personifiziert. Jener unbedingte Wille zu absoluter Erkenntnis scheint in Aphorismen widerrufen. Konzentrierende Erfahrung, die Leben befruchtet, gilt mehr.

Klugheit dagegen scheint so etwas wie angewandte Weisheit, Steuerung im Alltag nach deren Kompass.

Klugheit bedeutet ausschließlich den im Dienste des Willens stehenden Verstand.
Schopenhauer (Sen. 237)

Dieser Beschreibung entsprechend denkt, wägt, kalkuliert, rät, entscheidet und handelt Klugheit. Unter der Perspektive der Weisheit sieht sich Klugheit eher auf Gegenwart und Situationen beschränkt. Weisheit ist Quintessenz, Klugheit Vorsicht und Umsicht von Fall zu Fall. Dem Sprichwort nach baut der kluge Mann vor. Er agiert nicht vordergründig, sondern hält sich zurück.

Es beweist große Klugheit, seine Klugheit zu verbergen.

La Rochefoucauld (WL 2009, 21)

Klugheit wägt ab, Weisheit besteht.

Man darf nicht zu klug sein, um weise sein zu können.

Emge (DA 2010, 162)

Weisheit ist nicht praktikabel. Sie vermag nicht zu agieren und zu herrschen. Sie überlässt dies den Aktivisten wie das Besserwissen den Kritikern. Aus dem 17. Jahrhundert stammt ein Aphorismus, der dem Ideal Platons von der Herrschaft der Weisen, der *philo-sophoi*, erneut widerspricht.

Es werden mehr Weise von Narren als Narren von Weisen regiert.

Butler (WL 2009, 19)

Butler meint doch wohl, die Narren seien immer in der Mehrheit und es seien Narren, die an die Macht drängen. Denn nur Narren glauben, dass alle sich irren, nur sie nicht, was weder klug noch weise ist.

Es ist nämlich ein Zeichen von Dummheit, die Fehler der anderen wahrzunehmen, die eigenen aber zu vergessen.   Cicero (Ott 127)

Wahrheit oder Wahrhaftigkeit?

Postuliert man den Begriff Wahrheit, erhebt sich sofort die Pilatusfrage des skeptischen Machthabers: Was ist Wahrheit? Ergeben logisch deduzierte Reflexionen oder recherchierte Fakten Wahrheit? Oder Wahrheiten, also stimmende Perspektiven und zutreffende Details? Wahrheiten bleiben als Ideen Gedankenspiele, solange sie nicht bezeugt werden. Dies bestätigt die lange Geschichte von Märtyrern in allen Weltregionen und Weltreligionen.

Ideen leben, sobald für sie gestorben wird.

Genin (WL 2009, 215)

Die Wahrheit gibt sich exklusiv, Wahrheiten indes scheinen relativ, Teilwahrheiten. Wahrheit aber gilt als unteilbar. Sie wird meist ganz beansprucht, um eine Teilwahrheit als Ganzes zu etablieren und zu verteidigen. Aphorismen, unsystematisch wie sie sind, sprechen mit Ironie von der Wahrheit, um sie skeptisch zu beleuchten. Sie entlarven deren „Ewigkeit" als relative Dauer, deren Vorläufigkeit als argumentative Rückständigkeit, deren opportunistischer Missbrauch zur Bestätigung der eigenen Überlegenheit und deren Substanzverluste durch unredliche Beschönigungen aufgedeckt werden.

Ewige Wahrheiten sind Wahrheiten, deren Zeitlichkeit wir nicht überblicken können.
Mohr (DA 2010, 151)

Gedanken, die noch nicht widerlegt worden sind, heißen wir Wahrheiten.
Moser (DA 2010, 149)

Die Wahrheit siegt immer. Denn immer ist das, was siegt, die Wahrheit.
Laub (DA 2010, 250)

Wird die Wahrheit frisiert, muss sie Haare lassen.
Kasper (DA ²1994, 289)

Dass Wahrheit versengt und verletzt, beobachtet Lichtenberg an der Grande Revolution und notiert in ein „Sudelbuch":

Es ist fast unmöglich, die Fackel der Wahrheit durch ein Gedränge zu tragen, ohne jemanden den Bart zu versengen.
Lichtenberg (II 135)

Wahrheit fordert Opfer, und Opfer werden der Wahrheit gebracht. Das rechtfertigt und heiligt (fast) jede „Wahrheit".

Der Mensch braucht derartige Überhöhung; denn der versengte Bart gleicht dem betroffenen Gesicht im Spiegel, das von sich absieht und lieber wegschaut.

Dass der Mensch, der die Wahrheit so flieht, den Spiegel erfunden hat, ist die große historische Merkwürdigkeit.
Hebbel (DA ²1994, 131)

Fackel und Spiegel als Instrumente öffentlicher und individueller Wahrheit. Sie diskreditieren Pseudowahrheiten, die Selbstbewusstsein garantieren und keinesfalls preisgegeben werden, auch unter Verleugnung von Wahrheit. Penetranz vernichtet Wahrheit, weil die wie mit Brecheisen durchgesetzt werden soll, anstatt ihr zu ermöglichen, zu sein und aus sich zu wirken.

Nur *eine Ansicht* ist unwahr, die, dass nur eine Ansicht wahr sei.
Feuchtersleben (DA 2010, 72)

Wahrheit und Wahrheiten: Begrifflichkeiten auf ideeller Ebene. Ich spräche lieber auf existentieller Ebene von Wahrhaftigkeit, wozu (noch) kein Plural gebräuchlich ist. Der Terminus aber findet sich in den Aphorismen kaum.

Lüge

Lüge definiert sich als vorsätzliche, geplante oder spontane Behauptung von Unwahrheiten als Wahrheit. Enthüllt, liegt sie blank und will von Ausreden gedeckt und verschleiert werden, Rhetorik kommt zu Hilfe. Betrug mit Mitteln der Sprache.

Über Sprache verfügt jedermann, und sie kann sich nicht vor Missbrauch schützen, günstigenfalls ihn verraten, vielleicht den aufmerksamen Ohren und kritischen Gedanken. Lügen dürfen nicht plump sein; sie wären zu leicht zu durchschauen. Meist geben sie sich eloquent und wortreich, brillant und elegant, umgänglich, einleuchtend und intellektuell überlegen. Würden sie je geglaubt, wenn sie schlicht und redlich wären? Schlichte, gar redliche Lügen gibt es nicht.

> Große Lügen haben lange Beine.   A. W. 2.2.2011

Die These konterkariert das Sprichwort, dass Lügen kurze Beine hätten. Existenzen, Branchen, Kulturen, ja Weltbilder können auf Lügen beruhen, die unwiderlegbar scheinen und unantastbar sind, also geglaubt werden. Und der Glaube daran macht sie fruchtbar.

> Wahrheit berichtet. Lüge ist schöpferisch.
>
> Schnurre (DA 2010, 230)
>
> Überzeugungen sind gefährlichere Feinde der Wahrheit als Lügen.
>
> Nietzsche (KSA 2222, 317)

Wahrheit zu verbergen, aus welchem Grund auch immer, ist der Versuch, trügerisch einen Schein aufzubauen statt ein Sein zu enthüllen. Landläufige Verstellung führt zu Heuchelei, eine gespielte Lüge, die sich als Wahrheit gibt.

> Das einzige Laster, das unverzeihlich ist, ist Heuchelei. Die Reue eines Heuchlers ist selbst Heuchelei.   Hazlitt (WL 2009, 79)

Problematisch war zu allen Zeiten, Wahrheiten, aus irgendwelchen vertretbaren Gründen, zurückhalten zu sollen, ohne zu lügen. Balthazar Gracián gab im 17. Jahrhundert ein Rezept, was die bekannte Formel „Man muss nicht alles sagen, was wahr ist, aber alles was man sagt, muss wahr sein.", vorwegnimmt.

> *Ohne zu lügen nicht alle Wahrheiten sagen.* Nichts erfordert mehr Behutsamkeit als die Wahrheit: sie ist ein Aderlass des Herzens. Es gehörte gleich viel dazu, sie zu sagen und sie zu verschweigen zu verstehen. Man verliert durch eine einzige Lüge den ganzen Ruf der Unbescholtenheit. Der Betrug gilt für ein Vergehen und der Betrüger für falsch, welches noch schlimmer ist. Nicht alle Wahrheiten kann man sagen, die einen nicht unser selbst wegen, die andern nicht der andern wegen.
>
> Gracián (WL 2009, 16)

Das Dilemma ist offensichtlich: Wahrheit dosiert zu sagen, nicht die ganze Wahrheit. Wäre solches Verschweigen schon Lüge, Notlüge? Sophismus?

Wenige Aphorismen gelten der Lüge. Auch sie stoßen Denken und Gegendenken an. Lügen sollen demnach fruchtbarer sein als Wahrheit, Überzeugungen gefährlicher als Lügen, halbe Wahrheiten (= halbe Lügen oder mehr) erträglicher und verträglicher. Lügen treiben aus dem Dunkel an, weil sie nicht enthüllt werden wollen. Überzeugungen aber sind stabil, beharrlich, schier unwiderlegbar. Nicht wandelbar, schließlich erstarrt. Denn Leben, Fruchtbarkeit und Prosperität sind Hauptkriterien.

Wahrheit aber fordert Benennen und Bekennen. Man setzt sich darüber hinweg. Opportun. Der Erfolg allein zählt. Erfolg verwandelt Lügen zu Wahrheiten, sozusagen: erfolgreiche Lügen, schillernd, doch unbezweifelt. Wer dies durchschaut, hat sich geirrt. Wenn Lügengebäude einstürzen, sind die schuld, die unter den Trümmern liegen.

Relativieren sich Irrtum und Wahrheit, ermöglichen Lügen Leben und Gedeihen im Zwielicht? Aphorismen rufen auf.

Sein und Sollen

Ethik im Komparativ?

Räume der Ethik bieten Aphorismen weite Felder. Denn Mängel im Sein sind ebenso leicht auszumachen wie ein Sollen zu postulieren, das sie überhöht, doch auffängt, ausgleicht, mindert und aufhebt. Nachdem die Basis grundlegender, selbstverständlich gewordener Gebote an Überzeugungs- und Prägekraft scheinbar eingebüßt hat, sollen Ethik-Diskussionen in Ethik-Räten, Ethik-Seminaren und Ethik-Unterricht die Basis erneuern oder neugründen. Hans Küng, der Theologe, will die Weltreligionen auf eine Welt-Ethik hin bewegen. Jede Welt-Krise erweist die Unverzichtbarkeit des Ethischen vor dem spezifisch Religiösen, Politischen, Pädagogischen, Ökonomischen, Sozialen und auch Ästhetischen. Ethik soll ein friedliches Spiel disparater Mächte und Weltanschauungen ermöglichen.

Ethik gibt es weder auf Rezepte, noch wirkt sie als Allheilmittel. Sie muss von Fall zu Fall diagnostiziert, wiedergefunden und angewendet, nicht in Standardsituationen repetiert werden. Der gefundene Wegweiser deutet dann auf den je eigenen Weg. Ethik ist nicht (nur) Glaube oder Wissen, sondern immer Handeln. Das Besser-Wissen soll über ein Besser-Verstehen zu einem Besser-Tun sich überschreiten. Ethik bezieht den Einzelnen auf ein einzelnes oder ein allgemeines Du.

Fang immer bei dir an! Das gilt bei manchen zwar für Nehmen und Sich-Bedienen, weniger aber für Geben und Dienen. Je höher jemand auf der sozialen Leiter hinaufklettert, umso höher steigt die Versuchung. Das wird als Leistung getarnt. Gibt es Leistungen, die millionenfach mehr wert sind als die normaler Arbeiter? Rekordsucht, durch Medien hochgeputscht, entspringt dem gleichen Wahn. Ist ein Unterschied von einer hundertstel Sekunde überhaupt ein Unterschied? Und nur ein Platz auf dem „Treppchen", der „Edelmetall" einträgt, eine rühmenswerte Leistung? Der Superlativismus ist eine Geistesseuche oder eine Seelenkrankheit.

> Besser machen ist leichter als gut machen.
>
> Nietzsche (DA 2010, 100)

Das Gute, meint man, war immer schon da, selbstverständlich. Man muss es verbessern in Komparativen und Superlativen. Der Mensch könne sich steigern, immer besser werden, es immer besser machen, bis zur Wiedergewinnung des verlorenen Paradieses. Das Gute, gemeint das gute Alte, muss übertroffen werden. Es ist nicht mehr gut genug.

> Was besser wird,
> entfernt sich auch
> vom Guten.
>
> Benyoëtz (Be 2007, 133)

Das Bessere wäre der Feind des Guten. Nicht das Besser-Wissen soll das Gute verbessern, vielmehr das Besser-Machen das (noch) nicht Gute.

Immer wieder insistieren Aphorismen, heute mehr denn je, auf Tun, nicht auf Ergrübeln von Problemen, sondern auf Lösungen, die als Versuche sich offen halten müssen. Solche Versuche sind lebensnotwendig, gerade weil sie vorläufig sein müssen in einem vergänglichen Leben.

> Nicht was, sondern wie du etwas erträgst, darauf kommt es an.
>
> Seneca (Sen 111)

Der Stoiker fordert Haltung im Ertragen von Leben und Leid, die ihm identisch scheinen. Man formuliert heutzutage genereller.

> Das Menschliche ist weniger das Dass und das Was, sondern das Wie.
>
> A. W. 12.12.1997

> Gute Bedingungen machen noch kein gutes Werk, kein geglücktes Leben.
>
> A. W. 20.3.1989

Entschiedenheit und Offenheit

Wahrhaftigkeit als Entschiedenheit profiliert den Menschen. Sie vereindeutigt ihn, indem sie Profil gibt, aber zugleich andere Züge und Merkmale ausschneidet wie in einem Scherenschnitt. Das profilierte Ich hat sich unter Verlusten und durch Verluste geschärft. Ehedem haben gewisse Berufe als Stände oder Klassen die Profilierung des Einzelnen verstärkt und Typen geschaffen: den Offizier, den Schupo, den Arzt, den Richter, den Pfarrer oder Priester, den Professor, den Lehrer, den Beamten, den Bänker usw. Wie gesagt: Typen, die es als einzelne nicht gibt, die aber des Einzelnen Selbstverständnis stützen, zuweilen auf Kosten des verdeckten Ichs.

> Bei vielen Menschen ist es bereits eine Unverschämtheit, wenn sie Ich sagen.
>
> Adorno (DA [2]1994, 276)

So das kritische Wort eines kritischen Philosophen, das die Ich-Findung „vieler Menschen" in Frage stellt. Der Aphorismus löst Reflexionen aus, ob man anderen Ichs die Ichhaftigkeit, d. h. Identität absprechen könne und dürfe, ob anderes Ich-Sein schon „Unverschämtheit" sei, auch, wer die Ich-Würde zuteile und wo ein Ich beginnen darf. Bloßes Dasein bildet nur ab und repetiert.

> Existieren ist ein Plagiat.
>
> Cioran (WL 2009, 197)

Zweifellos formt sich jedes Ich durch Verzichte und Betonungen. Das mögliche Ich war reicher als das verwirklichte, wie die neuralen Möglichkeiten des Gehirns die realisierten Vernetzungen übersteigen.

Je bestimmter ein Mensch ist, desto mehr fehlt ihm.

Moser (DA 2010, 148)

Der Aphorismus zeigt nicht auf Mängel, die uns bleiben, er fordert vielmehr auf, die Selbstgenügsamkeit der entschiedenen Bestimmtheit zu überschreiten. Entschiedenheit fasst eine Phase zusammen, bereit zu neuen Entscheidungen.

Gewiss: auch Entschiedenheiten sind Vorläufigkeiten, die Stationen eines Weges, die erreicht und durchlaufen sein wollen. Jeder ist seines Glückes Schmied, wie das Sprichwort altes Wissen fasst, aber er ist auch seines Unglücks Schmied.

GANZ EHRLICH meint jeder es am Ende doch nur mit sich selbst ...

Schopenhauer (Aph. 94)

Zugegeben: Jeder ist sich selbst der Nächste, wie das Sprichwort überliefert. Und doch verschluckt die in sich erstarrte „Nähe" sich selbst wie ein schwarzes Loch. Nähe des Nächsten wird nur nach außen gewendet wahrgenommen. Selbstverschließung im Ich versteinert und zerstört dieses.

Masse. Elite. Genie

Haufen kleiner Münzen oder große Scheine: wir nehmen beides unbefragt und geben es ungeprüft aus. Und gerade dadurch erniedrigen und überhöhen wir uns selbst.

Masse wäre das Wurzellose, Dahintreibende, Gesichtslose, Additive.

Auch hundert enge Horizonte, addiert, machen noch keinen weiten.

A. W. 31.12.2002

Genie dagegen wäre das angeboren Vollkommene, diesseitige Vollendung aus sich selbst.

Beide Umschreibungen dürften fehlgehen. Denn:

Selbst ein schwankendes Rohr hat Wurzeln.

A. W. 24.12.1991

Auch die „Vielen", die Nietzsche ablehnte, sind nicht von ungefähr, sondern geprägt von Eltern, Sprache, Zeit und Kultur, sind nicht unbetretene Neuronenfelder – aber sie sind vielleicht orientierungs- und ziellos, oberflächlich und von Stürmen leicht erfassbar. Und Genie musste sich begaben, intensiv lernen, erfahren, verarbeiten. Genie mag Gnade sein, es ist wohl vor allem Wille und Arbeit. Ihm widerfährt eine Idee, die es für Wirklichkeit nimmt, unentwegt arbeitet, denkt, experimentiert, laboriert, bis sie sich der Verwirklichung nähert. Genies scheitern zu Unzeiten, an Widerständen und an sich selbst. Die Sache gilt mehr als die Person.

Genies sind nicht die, die sich dafür halten.

A. W. 24.9.1996

Das selbsternannte Genie lässt einen talentierten Scharlatan vermuten. Denn auch scheinbare Traumtänzereien des Genies werden hinter dem Vorhang mit Leben bezahlt.

Genie hat sich nicht auserwählt, wohl aber Elite: Durch Herkunft, Tradition, Bildung, Zucht und Leistung gehört man dazu, darf man immerhin annehmen. Einkommen, Ansprüche, Standeszugehörigkeit, Graduierungen, Auszeichnungen geben sich vielleicht elitär, garantieren aber nicht Eliten, so wenig wie Elite-Schulen und Elite-Universitäten, die sich hochloben, um mehr Geldmittel einzufordern als andere.

> Ein guter Handwerker ist Gold wert, ein schlechter Akademiker viele Stipendien.
> A. W. 17.5.2010

Selbstverständlich, jede Gemeinschaft bedarf der Eliten. Wissenschaft, Politik, Wirtschaft benötigen sie dringend. Eliten sind bereit zu Verantwortungen. Wären sie elitäre Funktionäre in egalitären Demokratien? Das Bewusstsein derartiger „Eliteleute" sollte sich jedenfalls schärfen. Denn:

> Masse
> ist immer einer mehr, als der glaubt, der davon spricht.
> Elite
> ist immer einer weniger, als der glaubt, der davon spricht.
> A. W. 27.10.2010

Worte, Begriffe wie Masse, Elite, Genie sollte man vorsichtig verwenden, weil sie besonders mit Wertungen besetzt und von Vorurteilen beschwert sind.

Konvention

Konvention und Tradition: Beide Begriffe sind suspekt, negativ belastet, gängige Abwertungen, sogar Schimpfwörter. Traditionen lehnt man ab, wo welche wären, wo sie fehlen, bläst man sie auf. Jahrzehntelanges Bestehen verdient gefeiert zu werden, Jahrtausende aber wären besser nicht, jedenfalls nicht so, gewesen. Dem historisierenden nationalistischen 19. Jahrhundert und seinen Aufgipfelungen im 20. folgte eine globalisierende, fast antihistorische Epoche. Gar Konventionen? Hippies, Yippies, 68er befreiten sich zu Nonkonformitäten, in denen man Bärte und Jeans trägt, sich wieder uniformiert. Wenige entkommen der Tradition, kaum einer der Konvention.

Dennoch: Das je Überlebte muss abgeräumt werden, Müll, der entsorgt werden muss. Ent-Sorgen, welch zutreffendes Wort: Sich durch Entrümpelung der Sorge um Vergangenes entheben und Raum für neue Ordnungen schaffen.

> Die Seele jeder Ordnung ist ein großer Papierkorb.
> Tucholsky (DA 2010, 271)

Papierkörbe und Müllhalden garantieren demnach Ordnung. Überholte und beseitigte Konventionen machen den Kern sichtbar, der neue Triebe ansetzt.

Dennoch: Abräumen wird Mode, das Unkonventionelle Konvention, der man hätte voreilen wollen. Wenn aber das Unkonventionelle zur Konvention geworden ist, kehrt man zur Konvention zurück, um unkonventionell zu sein.

Dem *circulus vitiosus* hektischer Moden entgeht man nur durch Blicke in die Tiefen des Universums, in die Wechselfälle der Geschichte und die Dimensionen des Innen. Institutionen, Organisationen, Verbände gewährleisten bestenfalls, wie ehedem die Zünfte, gehobenen Durchschnitt, selten jedoch Durchsicht und Aussicht. Der Einzelne tümpelt und wird mitgespült. Dennoch:

> Schwimmen gegen den Strom ist eigentliches Schwimmen.
>> A. W. 14.1.2003

Haltungen

Was wir heutzutage unter Haltungen rubrifizieren, hätte man im 18. Jahrhundert mit Tugenden überschrieben, damit aber Fehlhaltungen ausgeschlossen, auf die Aphorismen besonders zielen. Damals hätte man ein Kapitel über „Freundschaft" mühelos füllen können, heute haben sich Freunde auf Clubs, Vereine, Zirkel und Liebschaften zurückgezogen. Auch das Wort Dankbarkeit findet sich demnächst nur noch in Fremdwortlexika. Denn:

> Wir sind für nichts so dankbar wie für Dankbarkeit.
>> Ebner Eschenbach (IX 44)

> Dankbarkeit wird geschenkt. Man kann sie nicht kaufen.
>> A. W. 4.12.2010

> Geballte Faust kann kein Geschenk entgegennehmen.
>> Schröder (DA 2010, 143)

„Geballte Faust" vermag auch nicht zu schenken. Dankbarkeit darf man weder erwarten noch bestellen, aber annehmen.

Stiften Kriege und Gefahren Kameradschaft oder missbrauchen sie diese nur? Stiften Kollegien Kollegialität in gegenseitiger Loyalität oder wahren sie den Schein für die Dauer von Sitzungen?

> Kameraden gehen für einander durchs Feuer –
> Kollegen stoßen einander ins Feuer.
>> A. W. 15.2.2011

Sagen wir es etwas feiner: ein Füreinander ohne Vorbehalte einerseits, ein Miteinander unter Vorbehalten andererseits.

Wohltuende Höflichkeit auf anderen Längengraden des Globus: Unter keinen Umständen sein Gesicht verlieren. Bei uns:

> Gesicht kann nur verlieren, wer kein eigenes hat.
> A. W. 20.1.2011

Hierzulande ist stets der andere schuld. Eingestehen von Schuld wäre offene Schwäche und zugleich neue Schuld. Also: Immer ablenken und sich ins Licht stellen.

> Wer sich hochwertet, muss andere abwerten.
> A. W. 30.3.2011

> Schmutzige Finger zeigen immer auf andere, schmutzige Hände waschen sich immer in Unschuld.
> A. W. 8.12.2010

> Mit dem Zeigefinger auf andere lenkt man von sich ab.
> A. W. 18.12.2010

> Im Parfümerie-Zeitalter stinkt Eigenlob nicht mehr.
> A. W. 15.2.2011

Pseudobescheidenheit und Scheindemut sollen das erwartete Lob erhöhen.

> Dafür, dass uns am Lob nichts liegt, wollen wir besonders gelobt sein.
> Ebner-Eschenbach (IX 70)

Wer beachtet werden will, muss auffallen, muss sein Licht auf den Scheffel stellen und vernehmlich darauf hinweisen. Er muss sich selbst vergrößern, sich mit Bedeutung aufladen.

Aber selbst, wenn wir auf öffentliche Anerkennung einer „guten Tat" verzichten, wenn wir nur unsere eigenen Gelüste erfolgreich unterdrücken, uns selbst überwinden und dies für uns behalten, so loben oder genießen wir dies doch in uns selbst. Anno dazumal hätte man vielleicht von verschwiegenem Tugendstolz gesprochen.

> Wer der Lust entsagt, der entsagt doch nicht der Lust des Entsagens.
> Bertram (DA 2010, 158)

> Heftigen Ehrgeiz und Misstrauen habe ich noch allemal beisammen gesehen.
> Lichtenberg (I 20)

> Gleichnisse: Er trägt immer Sporen, reitet aber nie.
> Lichtenberg (I 747)

> Er läuft immer auf Zehenspitzen, so als fühle er sich von seinem Ideal selbst emporgetragen.
> Renard (WL 2009, 133)

116

Man springt einem Menschen, der ins Wasser fällt, noch einmal so gern nach, wenn Leute zugegen sind, die es nicht wagen.

Nietzsche (KSA 2222, 245)

Spektakel ist menschlich. Oder unmenschlich? Die Olympiaden, die attischen Tragödien, die Gladiatorenkämpfe im Kolosseum, die Stierkämpfe auf Kreta oder in Spanien. Und heute?

„Die Show must go on!" (Zitat)
Wie im alten Rom. Oder?

A. W. 7.12.2010

Krönungen und Hinrichtungen hatten seit je die höchsten „Einschaltquoten".

A. W. 7.12.2010

Und bisweilen will einer die Show stehlen.

Mit sehenswertem Hakentrick brachte er das Leder im – eigenen Tor unter.

A. W. 2.11.2010

Bitter genug. Auch Eigentore zählen für den Gegner. Wenn man erkennt, welcher Fehler das Eigentor verursachte, kann man daraus lernen.

Der Furchtsame erschrickt vor der Gefahr, der Feige in ihr, der Mutige nach ihr.

Jean Paul (DA ²1994, 60)

Der gefährlichste Mensch ist ein furchtsamer; er ist am meisten zu fürchten.

Börne (WL 2009, 83)

Angst und Sorge sind andere, existentielle Qualitäten als Furcht und Feigheit. Geht Furcht vorüber mit dem Aufhören einer undurchsichtigen, beklemmenden, drohenden Situation, so kann Angst chronisch werden, bis zu Lebensangst, den Forderungen nicht gewachsen zu sein. Angst als Dauerzustand ergreift und beherrscht möglicherweise den, der einen Beruf ausfüllen muss, dessen Gefahren, ihm allzu bewusst, er fürchtet: Soldat, Pilot, Lokführer, Atomwerker usw. Absurd scheint Angst aus Paradoxien.

Der ängstlichste Mann in einem Gefängnis ist sein Direktor.

Shaw (WL 2009, 128)

Der Direktor ist ein Mann, dem im Gegensatz zu einer erwarteten Männlichkeit das Attribut von Angst im Superlativ zugesprochen wird. Alle anderen Insassen dieses Hauses sind sicher und ohne Angst, weil sie sich in Sicherheitsverwahrung befinden. Die Einsitzenden sind sicher, aber nicht frei. Der freieste Mann aber, freier als die Aufseher, wäre eigentlich deren Chef, weil er der sicherste scheint. Unfrei macht ihn die Angst, seine Aufgabe, die Sicherung der Unfreien, zu verletzen oder zu verfehlen.

Der Aphorismus verkehrt die Situation. Verallgemeinert würde das bedeuten, dass die Chefs die Ängstlichsten wären, sich die Angst aber angemessen bezahlen ließen.

Wenn, nach dem Sprichwort, die Hoffnung zuletzt stirbt, dann stirbt der Mensch, der die Hoffnung verliert, schon vor dem Grab. Verliert er sich, wenn er nicht mehr hofft? Oder verliert er sich, weil er alles auf <u>eine</u> Hoffnung gesetzt hat? Aus der Antike hören wir es anders.

> Man darf weder ein Schiff an einen einzigen Anker noch das Leben an eine einzige Hoffnung binden. Epiktet (Rana 24)

Die Totalisierung nur eines Weges zu nur einem Ziel, das ausschließliche Hoffen, schneidet die Bindung an den Ankerplatz ab, wenn das einzige Halteseil ausfiele; der Lebenshalt ginge verloren, das Leben wäre schutzlos den Elementen ausgesetzt.
Dieses drohende Ereignis belichtet Elazar Benyoëtz aus der Gegenperspektive.

> Je größer die Hoffnung, um fruchtbarer die Enttäuschung.
> Benyoëtz (DA 2010, 263)

Man muss zweimal lesen. Denn zuerst liest man, nach der Erwartung, doch wohl: furchtbarer, und glaubt zu wissen, dass die Enttäuschung einer übermächtigen Hoffnung schrecklich und unüberwindbar sei. Der Aphorismus aber sagt „fruchtbarer", weil diese Hoffnung eine Täuschung war, die durch den Verlust der Hoffnung sich selbst aufhebt, also ent-täuscht, die Sicht freigibt und die Blickrichtung ändert. Allein die Reversion zweier Buchstaben(ur > ru) leistet die Umkehr des Sinnes und fordert Weiterdenken.

Weg und Ziel

Macht der Mensch den Willen oder der Wille den Menschen? Ist nicht jeder eben sein Wille, der treibt und Ziele setzt? Macht den Menschen aus, wohin er will, also das Ziel, oder macht den Menschen der Weg, den er geht?
Dass der Mensch ein Ziel will und einen Weg dahin finden und wollen soll, wird in einem Leben von Fall zu Fall nicht immer deutlich bewusst. Der Mensch fällt sozusagen von Fall zu Fall. Was er will und wohin er will, klärt er selten, und warum er will, bedenkt er fast nie. Wie es in ihm denkt, so will es auch in ihm.
Wille ist nicht Weg, aber doch auch Wille zum Weg. Andernfalls würde kein Weg überhaupt betreten.

Indem wir uns auf unseren Weg, zu anderen und damit zu uns, machen, brechen wir auf in ein Ungewisses, das Zukunft heißt. Leben heißt: auf dem Weg sein, und heißt: suchen.

Wer nicht sucht, wird bald nicht gesucht.   Jean Paul (DA ²1994, 66)

Weggefährten benötigen einander, suchen sich. Ohne Suchen kein Finden: ohne Suchen kein Gesucht-werden.

Ziele setzen statt Grenzen! Verleiten aber Ziele nicht, den Weg zu missachten, seine Überraschungen, Anstiege, Schönheiten, Ausblicke, Begegnungen und Aufenthalte? Auch die Kreuzungen, Sackgassen und Irrwege?

Der Weg führt nicht zum Ziel, er endet mit ihm.

Benyoëtz (Be 2007, 180)

Weg-Blindheit endet in Ziel-Blindheit. Wer verweilen und schauen will, muss den Mut zum Fehl-Weg, anders verbildlicht: zum Fehl-Schuss haben. Denn ein erreichtes Ziel hat aufgehört, Ziel zu sein. Was kommt dahinter? Ausschalendes Erfolgsgefühl und die nagende Frage: Wozu?

Wer verfehlt, muss gezielt haben.   Benyoëtz (Be 2007, 160)

Rette das Ziel, triff daneben.   Lec (WL 2009, 190)

Sinn hat nur das Zwecklose.   Benyoëtz (WL 2009, 221)

Zweck war übrigens einstens ein Synonym für Ziel. Zielgerichtetheit und Zweckhaftigkeit motivieren die Wege. Je mehr aber „die Forderung des Tages" (Goethe) erfüllt sein will, umso mehr droht der Wille zum Ziel zu erlahmen. Der Weg wird das Ziel. Zuletzt gar überflutet die eigendynamische Bewegung das Ziel; es verliert die Bedeutung, wenn es erreicht ist: Die Idealität der Erwartung erlischt, das Erstrebte, eingeholt und erreicht, hört auf, erstrebenswert zu sein. Der Wille erlahmt. Schal erhebt sich die Frage, ob die verbrauchte Kraft sinnvoll verausgabt ist.

Glücklich sein heißt, ohne Schrecken seiner selbst inne werden zu können.

Benjamin (DA ²1994, 256)

Selbstprüfung und Selbstkontrolle führen vor den Spiegel, der die Spuren ent-deckt, und die Furchen zeichnet, die der Weg hinterlassen und eingegraben hat. Vor dem Spiegel unterziehen wir uns bewusst und begierig einer Art Reife-Prüfung. Wie ist das geworden, was uns da anschaut?

… Zu unserer Besserung bedürfen wir eines Spiegels.

Schopenhauer (Sen 29)

Es gibt auch Spiegel, in denen man sehen kann, was einem fehlt.

Hebbel (DA ²1994, 129)

Fast immer ist es die Angst, dass wir es sind, was uns vor den Spiegel führt.

Porchia (WL 2009, 163)

Wer sich zu lange im Spiegel betrachtet, verliert sein Gesicht.

Kessel (DA ²1994, 272)

Wer hineinschaut und wie er hineinschaut, so scheint es heraus: ein fremdes Gesicht, das das eigene ist. Das erkannte So-Sein soll durch Reflexion Bestätigung oder Veränderung auslösen. Selbsterkenntnis als Einsicht in das Fehlende (Hebbel), als Möglichkeit der Besserung (Schopenhauer), als Furcht vor uns selber (Porchia) oder als Selbstverlust (Kessel), weil wir ablehnen, was uns da anschaut. Das eigene Spiegelbild kann man nicht leugnen. Was Maske ist, fällt, weil man weiß, dass es Maske ist. Jedenfalls redlich. Könnte man den Spiegel meiden oder wegschauen oder nur streifen, um ungestört weiter zu existieren? Permanente Selbsttäuschung endet in Enttäuschung, wann auch immer.

Auch Krankheiten spiegeln unsere Existenz, als Körper, nicht als Gesicht. Sie sind wir und wir sind sie. Sie sind nicht zufällige Beschädigungen einzelner Organe, sie zielen aufs Ganze, auch wenn sie sich, geradezu aphoristisch, aufs kleinste beschränken. Immer steht mehr dahinter und will dieses Mehr auslösen.

Krankheiten verschatten die Freude, die, nach Aristoteles, Gesundheit der Seele ausstrahlt, und sie fordern den Lebenswillen heraus, wie der Hunger (nach Nietzsche (KSA 2228, 538) den Appetit. Gesundheit will gefordert sein.

> Die Krankheit ist ein mächtiges Stimulans, nur muss man gesund genug für sie sein.
>
> Nietzsche (KSA 2233, 535)

Der Aphorismus provoziert, weil er einen Gesunden voraussetzt. Denn dort, wo der Widerstand nicht auf festem Boden ruht, helfen Medizinen und Techniken wenig. In Frage steht das Ganze.

> Es gibt halbe Heilungen, aber keine halben Wunden.
>
> Steiner (DA 2010, 231)

Der Schmerz signalisiert, aber tückische Krankheiten verbergen den Schmerz, bereiten ihn heimlich vor. Kann man Schmerzen derart ignorieren, dass sie schweigen, wie legendäre Indianer oder Magier auf dem Nagelbrett?

Auf ins Wartezimmer mit einem Rucksack voll Geduld. Zeit spielt keine Rolle. Man ist Patient: ein Leidender.

> Ein Patient hat unbegrenzt Zeit. Wartet er doch lieber auf den Arzt als auf den Tod.
>
> A. W. 30.12.2010

> Wo ein Arzt ist, ist Krankheit. Wo viele Ärzte sind, sind viele Krankheiten.
>
> A. W. 16.11.2005

> Jeder darf mal durchdrehen – aber nicht im OP.
>
> A. W. 4.12.2010

Füge dich und werde trotzdem gesund! Mehr weiß kein Aphorismus.

> Nicht einfach nur lebendig, sondern gesund sein macht das Leben aus.
>
> Martial (Ott 87)

Pflicht

Pflicht, du erhabener Name!   Kant

Dies soll die einzige Stelle in Kants exakt durchdachtem Werk sein, wo der Königs-
berger Philosoph die Distanz des streng folgernden Schließens emotional durch-
bricht in einem Bekenntnis zu einer individuell wirkenden Macht. Imanuel Kant
veröffentlichte die „Kritik der praktischen Vernunft", also seine Philosophie der
Ethik, anno 1788, zwei Jahre nach dem Tode Friedrichs II. von Preußen, etwa
gleichzeitig mit Goethes Abschluss der „Iphigenie" und kurz vor Ausbruch der
Französischen Revolution. Die Könige Preußens hatten im 18. Jahrhundert den
strengen, fast selbstlosen Dienst für den Staat zu einer mit Nachdruck begleiteten
Pflicht erhoben, eine Haltung, die zwischen den Forderungen nach Freiheit und
Gleichheit verhält, die nicht Brüderlichkeit, vielmehr Pflicht vermittelt, ja überwiegt.
Pflicht, nach Preußens Wahlspruch *suum cuique*: Jedem das Seine, nicht das Gleiche; jeder soll leisten, was er vermag, nicht mehr und nicht weniger, und das aus
freiem Willen. Kants unumgänglicher, viel zitierter „kategorischer Imperativ" formuliert:

Handle so, dass die Maxime deines Willens zugleich als Prinzip einer allgemeinen Ge-
setzgebung gelten könnte.   Kant

Der Gedanke des freiwilligen Dienens, also der Mitwirkung aller am Staat, liegt den
Demokratiebewegungen der Neuzeit zugrunde, den Ideen der Wehrpflicht seit den
Befreiungskriegen, der Wahlen und Mitbestimmungen, und, im Gegenzug, der sozialen Verpflichtung aller, d. h. des Staates. Der Pflichtgedanke dominierte das 19.
Jahrhundert, bis er sich im 20. in zwei Weltkriegen überschlug und abgedankt wurde. Statt Dienst und Pflicht Lohnabschlüsse und Streiks, statt Freiwilligkeit Bezah-
lung. Und Geld korrumpiert.

Der Gedanke der Pflicht ist keine preußisch-deutsche Erfindung, auch wenn er dort
im ausgehenden 18. Jahrhundert zu einem geistigen Brennpunkt wurde. Pflichten
gab es in den frühzeitlichen Monarchien, in mittelalterlichen Lehensverhältnissen,
im römischen Imperium. Wir rufen erneut Seneca und Marc Aurel, dazu Epiktet als
Zeugen, Stoiker, die es zu allen Zeiten geben wird, weil es immer Wissen um Ver-
geblichkeit und Endlichkeit geben wird.

Nicht weil etwas schwer ist, wagen wir uns nicht an es heran, sondern weil wir uns nicht
an es heranwagen, ist es schwer.   Seneca (Rana 12)

Wer alle Zeit für sich selbst nutzt und jeden Tag einteilt, als wäre er der letzte, der
wünscht das „Morgen" weder herbei, noch fürchtet er es.
                    Seneca (Ott 21)

Verlange nicht, dass das, was geschieht, wie du es wünschest, sondern wünsche, dass es
so geschieht, wie es geschieht, und dein Leben wird heiter dahinströmen.
                    Epiktet (Ep 2008, 14)

Bedenke: Du bist Darsteller eines Stückes, dessen Charakter der Autor bestimmt … Will er, dass du einen Bettler darstellst, so spiele auch diesen einfühlend; ein Gleiches gilt bei einem Krüppel, einem Herrscher oder einem gewöhnlichen Menschen. Deine Aufgabe ist es nur, die dir zugeteilte Rolle gut zu spielen; sie auszuwählen, steht einem anderen zu.
Epiktet (Ep 2008, 20)

Die „silberne Latinität", der man Epiktet zurechnet, wurde vor allem im Barock aufgenommen (Gryphius, Fleming u. a.), als es galt, Elend und Leid mit Gelassenheit auf sich zu nehmen und durchzustehen, gerade darin zu zeigen, wer man ist, die zugeteilte Rolle ohne Makel darzustellen. Von den Rollen, die wir im Leben spielen, reden wir heutzutage noch. Ich würde allerdings einschränken, dass unser Ich nicht nur Rolle sein kann, auch Mann oder Frau sein ist mehr als nur Rolle.

Ich tue meine Pflicht; das übrige kümmert mich nicht; denn es ist entweder seelenlos oder vernunftlos oder verirrt und des Weges nicht kundig.
Marc Aurel (Selbstb. 70)

Wenn du deine Pflicht tust, darf es dir nicht darauf ankommen, ob du vor Kälte erstarrst oder vor Hitze glühst, ob du schläfrig bist, oder genügend geschlafen hast, ob man dich tadelt oder lobt, ob du dem Tode dich nahst oder etwas anderes derart zu erleiden hast. Denn auch das Sterben ist eine von unsern Lebensaufgaben.
Marc Aurel (Selbstb. 64)

Seneca und Marc Aurel waren Stoiker. Beide spielten im Staat eine große Rolle, der Imperator hat seine Aphorismen zum großen Teil im Feldlager niedergeschrieben. Die Stoa lehrte Verzicht, Entsagung. Durchhalten, Gelassenheit, Gleichmut. Jeder Dienst am Staat wird, ja muss stoische Elemente zeitigen.

Aus der stoischen Grundhaltung im Barockzeitalter wuchs im 18. Jahrhundert der Pflichtbegriff, wie ihn Kant formulierte. Lichtenberg, der Zeitgenosse, war ein scharfer Beobachter und Kritiker, sicher auch mit stoischen Elementen. Er rügte die, die ihre Pflichten versäumten.

Leute, die niemals Zeit haben, tun am wenigsten.
Lichtenberg (II 421)

Weil er seine eigenen Pflichten immer vernachlässigte, so behielt er genug Zeit übrig, zu sehen, wer von seinen Mitbürgern seine Pflichten vernachlässigte, und es der Obrigkeit anzuzeigen.
Lichtenberg (II 163)

Denunzianten und dem Anschein nach Überbeschäftigte, also Nichtstuer und Zuvieltuer, verfehlen die Pflicht, die ihnen zugeteilt und als Aufgabe gestellt ist. Pflichterfüllung erfordert immer Selbstlosigkeit, unabhängig von der Haltung anderer.

Zu den Stoikern zählen wir weder Goethe noch Feuchtersleben, eher zu den Epikuräern. Dennoch nahm Goethe seine Aufgaben als Minister ernst wie

Feuchtersleben die seinen als Arzt. Pflichterfüllung war beiden selbstverständlich und wurde zum Prüfstein ihrer selbst und zur Klärung des Charakters.

Versuche, deine Pflichten zu tun, und du weißt gleich, was an dir ist.

Goethe (DA ²1994, 38)

Ich muss wollen, ich will müssen. Wer das eine begreifen, das andere üben gelernt hat, der hat die ganze Diätetik der Seele.

Feuchtersleben (DA ²1994, 116)

Eine Kunst, das Leben zu verlängern? …
Lehrt den, der es kennengelernt hat, lieber die Kunst, es zu ertragen!

Feuchtersleben (DA ²1994, 113)

Der Aphorismus von Karl Irzykowski spielt auf den Niedergang, ja auf das Umschlagen des Pflichtbewusstseins an, indem er „Pflicht" und „Vergnügen", „früher" und „heute" situiert und konvertiert. Die immanenten Fragen Warum? Und Wohin? lassen sich nicht abweisen und drängen weiter: Zur Spaßgesellschaft, einer verwahrlosten Wohlstandsgesellschaft ohne Pflichtgefühl, in der man Rechte beansprucht, ohne Pflichten erfüllt zu haben.

Früher galt als Ideal, die Pflicht zum Vergnügen zu machen, heute hält man das Vergnügen für Pflicht.

Irzykowski (WL 2009.146)

Vakuum?

Der Einzelne, die Gesellschaft ohne Sollen: konfuse Philosophie, Pädagogik, Politik: über den Wolken, ahnungslos. (Natürlich übertrieben.) Aphorismen fragen in die Leere.

Wenige sind wert, dass man ihnen widerspricht.

E. Jünger (DA 2010, 182)

Kann man einem ins Gewissen reden, der keines hat?

A. W. 9.4.1993

Versager sind, die sich nichts versagen.

A. W. 13.11.2010

Vor lauter Pflichten vergeht das Leben. Und ohne Pflichten?

A. W. 16.6.2010

Wissen und Können

Problem

Wissenschaft und Kunst: Erstere benennt ausgeklügelte Systeme, distanziert durch Begriffe, letztere eine Art Sammelwort für vieler- oder allerlei Inhomogenes, das wir von Können, nicht von Wollen oder Müssen ableiten. Kunst will nicht gemusst und gewollt sein, sondern gekonnt. Wissenschaft will Wissen ausmachen, will wissen, isolieren, erkennen, benennen, systematisieren. Sie weitet und erneuert ihr System, Kunst dagegen nimmt auf, fügt an, ohne Vorangegangenes aufzuheben oder stets zu integrieren.

Aphorismen beanspruchen nicht Wissenschaft für sich. Sie wachsen auf Feldern der Kunst, eben der Sprach-Kunst. Sie sind Wortkunst. Sie können nicht systemfähig sein, müssen aber gekonnt, d. h. unter Spannungen stimmig sein. Sie beanspruchen die Freiheiten der Poesie und erlauben die Freiheit der Interpretationen, die nicht logisch zu generalisieren sind. Und doch stoßen sie Systematisiertes an und bringen es in Fluss. Grenzen sind durchlässig, irgendwo und irgendwann fallen sie. Dennoch: Wir wollen unterscheiden.

> Geistvolle Aussprüche kommentieren, hieße Schmetterlinge mit Hufeisen beschweren.
>
> Kessel (DA [2]1994, 271)

Möglicherweise meint Martin Kessel nicht dasselbe, wie wir hier, und verfährt anders. Zu recht aber mahnt er Leichtigkeit gegenüber „geistvollen Aussprüchen" an, und wir räumen ein, dass Aphorismen solche wären. Sind und wollen sie nicht doch mehr? Sie sind, um zu wiederholen, Anstöße, Fälle, Fragen, Glück, mehr noch Geist, nicht Lösungen und Antworten.

> Die großen Fragen sind nur ohne Antwort groß.
>
> Benyoëtz (DA 2010, 266)

Gelöste Fragen erübrigen sich, gelöste Probleme machen freier. Sie sollten nicht weitergepäppelt, gehätschelt, mitgeschleppt und vererbt werden.

Gelöste Probleme sind keine. Es fällt schwer, sie fallen zu lassen, im Gegenteil: Man macht sich welche, um zu problematisieren, um nicht frei und froh zu werden, sondern interessant auf larmoyante Weise.

Geist und Wille

> Geist ist ein Destillat aus Jahrtausenden.
>
> A. W. 27.6.2005

Konzentration des Geistes rafft Zeit.

A. W. 22.5.2008

Umzugehen damit vermag, wer die Segel vor den Wind setzt oder wer scharf kreuzt. Dogmatisierung von Geist bedeutet Windstille, schlaffe Segel, Stillstand irgendwo auf See. Geist wurde seit je als Pneuma verstanden. Man könnte das Pneuma auch als das Nichts bezeichnen. Wissen wir doch nicht, woher der Geist weht, wenn er weht.

Der Geist kann nur auf einem Grund sicher bauen: auf dem Nichts.
Leonhard (DA 2010, 162)

Unvorstellbar. Dematerialisiert bis auf nichts. „Grund ... bauen" und „Nichts" widersprechen sich. Der Kontrast fordert heraus. Buddhisten würden Nichts und All als identisch verstehen. Also bauen auf philosophischem, religiösem, mystischem und materiellem Nichts?

Gäbe es das Nichts, gäbe es nichts zu spekulieren.

A. W. 23.12.2010

Man muss Worte machen, wo man nichts weiß. Wissen steht immer auch vor dem Nichts, dem Nicht-Wissen.
Neurologen suchen den Geist vordergründiger, messbarer, wollen zurück hinter Mystizismen und Idealismen. Wären, nach Leonhards Aphorismus, die Geistesgebäude phantasierte Luftschlösser? Nichts als Sprache? (Schon wieder „nichts"?) Fallen wir doch immer wieder in unsern Horizont zurück.

Ähnlich kursiert der Wille als Begriff. Agiert Wille ebenso grundlos aus Grundlosem, obwohl er durch Taten in Realitäten greift, aktiver, vordergründiger.

„Wille zur Macht" (Nietzsche) oder „Wille zum Sinn" (Frankl):
Woher der Wille?
Woher der Wille zum Willen?

A. W. 26.12.2005

Wo lokalisiert sich Wille? Wie wird er ausgelöst, wie gesagt? Kann Wille gewollt werden? Man darf fragen, ohne Antworten zu erwarten. Die Frage nach dem Woher und Warum des Willens scheint meist unbeantwortet, weil unbeantwortbar. Auch Michail Genins Aphorismus schneidet das Problem nur an.

Wer will, der kann, und wer nicht kann, der soll nicht wollen.
Genin (WL 2009, 215)

Der Gedankenzirkel berührt das Problem zwar, kehrt aber in sich zurück, ohne ein Weiterdenken anzustoßen, das wohl lebens- und existenzphilosophische Antworten anpeilen würde, die allerdings wieder das Phänomen durch das Phänomen selbst erklären. Dennoch schreckt dieser Aphorismus auf, weil er die Hinterfragbarkeit hinterfragt und in Frage stellt.

Wenige Aphorismen klopfen hier an, ohne Gedanken anzubahnen, und es verwundert nicht, dass sich zu dem Problem des Willens kaum Aphorismen finden. Denken geht von hinterfragbaren, kaum wo von nichthinterfragbaren Annahmen aus. Das Willensproblem aber bleibt offen. Es erklärt sich wohl kaum aus Wellen, Dünungen, Gezeiten, aus Wegen, Um- und Irrwegen des Lebens, kaum aus Schicksal, das es ist, vielleicht aus dem je So-Sein. Oder wüsste Elias Canetti einen Schritt weiter?

> Manchmal rücken die Dinge so nahe zusammen, dass sie sich entzünden. Die Erleuchtung der Nähe ist es, für die man lebt.
>
> Canetti (WL 2009, 187)

Dieser Aphorismus biegt das Problem zurück etwa auf Rilkes Dinge oder aber auf Annahmen über neuronale Vernetzungen.

Aufklärung?

Auf-Klärung, *Éclairecissement, Enlightenment*: als Epoche und auf der Ebene der Person.

> Man spricht viel von Aufklärung und wünscht mehr Licht. Mein Gott, was hilft aber alles Licht, wenn die Leute entweder keine Augen haben, oder die, die sie haben, vorsätzlich verschließen.
>
> Lichtenberg (I 98)

Aufklärung bedarf der Instrumente. Wir werden aufgeklärt und wir klären auf. Passive Aufgeklärtheit hilft niemandem weiter, macht vielmehr rückfällig in kleinkarierte Besserwissereien oder protzige Tabubrüche. Lichtenberg wusste übrigens auch, dass Urbanisierung, also Verstädterung in Massen, der Humanisierung entgegenläuft, weil sie „Kultur" durch „Zivilisation" ersetzt, wie die gebräuchlichen Schlagworte später sinnbesetzt wurden.

> Die Linien der Humanität und der Urbanität fallen nicht zusammen.
>
> Lichtenberg (I 917)

Zwei derartige Aphorismen belichten die Diskrepanzen wiedergekauter kulturphilosophischer Thesen, laden zu Revisionen ein und empfehlen umsichtigen Gebrauch. Schließt Aufklärung das Unerklärbare aus?

> Man sollte die Aufklärung nicht so weit treiben, dass sich die Wunder schämen.
>
> Kasper (DA 2010, 234)

Also kontrollierte Aufklärung? Stößt zu viel Licht in noch mehr Dunkel, und will, wie in der Romantik, das Wunderbare zurück ins Haus? „Wunder schämen sich", nie aber Aufklärungen. Bis die Augen im grellen Licht erblinden. Aufgeklärtheit wäre zuletzt potenzierte Blindheit?

Wissenschaft?

Wissenschaft will Klärung durch logisch zwingende Erklärungen. Sie muss durch Verifizierungen und Falsifizierungen kritisch sein, was zuallererst Selbstkritik bedeutet. Die fehlt bisweilen, wenn „Wissenschaft" – welch unwissenschaftliche Verallgemeinerung! – sich publizistisch deklariert, das heißt: wenn Wissenschaftler Fall und Methode verlassen. Doch gemeinsame Bekundungen sind vonnöten, sonst wäre der einzelne nichts, Dialoge unmöglich; Frontbildungen setzen im Streit der Geister selbstlos Dienende voraus. Die Sache ist mehr als die Person. Freiheit der Wissenschaften und Freiheit der Meinungen, also schier Konträres, treffen sich in der Erhellung von Sachverhalten. Die Frage nach dem Sinn solcher Freiheiten repetiert sich. Droht jeglicher Zweck-Freiheit nicht Zweck-Losigkeit? Droht nicht jeder wissenschaftlichen Fixation eine Erstarrung, nicht jeder publizistischen Meinung Vergessen schon morgen? Auch Orte des Wissens sind Stationen.

> In der Wissenschaft gibt es keine letzten abschließenden Erkenntnisse.
> A. W. 9.9.2010

Es gibt selbstverständlich Antworten. Auch akzeptable. Das erlässt uns die Penetranz des Fragens und Zweifelns nicht.

> Zweifel muss nichts weiter sein als Wachsamkeit, sonst kann er gefährlich werden.
> Lichtenberg (I 521)

> Noch einmal: Intelligenz und Zweifel sind eins.
> Napierski (WL 2009, 173)

> Intelligenz ohne Zweifel ist jeder Barbarei schuldig.
> Kasper (DA 2010, 236)

Zweifel verunsichert und hemmt, zwingt zu wiederholten Überprüfungen. Zweifel soll eine erneute Rückwendung zur Sache veranlassen. Erhabenheit über alle Zweifel kann es nicht geben, nicht in alltäglichen Belangen, noch weniger in denen der Wissenschaft. Andernfalls verdient der „gesunde Menschenverstand" mehr Vertrauen.

> Es ist gewiss besser, eine Sache gar nicht studiert zu haben, als oberflächlich. Denn der bloße gesunde Menschenverstand, wenn er eine Sache beurteilen will, schließt nicht so sehr fehl als die halbe Gelehrsamkeit.
> Lichtenberg (II 416)

Wissenschaft bleibt am Fall, auch wenn sie verallgemeinert. Sie muss den Spagat wagen, muss Neues wagen und neu ordnen. Erinnern wir uns unserer Lateingrammatik: Die Regeln gaben sich knapp und durchsichtig, die Fußnoten fingen viele „Ausnahmen" ein, weil es keine Regel ohne Ausnahme gäbe. Reden wir nicht von Unredlichkeit, vielleicht von hilfloser Kategorisierung. Aber: Lernen und Gebrauch verlangen Elementarisierungen.

Wenn die Ausnahme
die Regel bestätigt,
dann ist sie
die höhere Instanz.

Benyoëtz (Be 2007, 70)

Der Aphoristiker weicht dem Problem nicht aus, weil er – nicht systematisiert. Generalisierungen trügen. Übrigens trügen auch Zukunftsprojektionen, die Gegenwart und Zukunft als abgeschlossen erscheinen lassen: Das lateinische Futur exakt, das wir zu selten denken. Aphorismen verschließen sich derartig systematisierten Perspektiven.

Wissenschaft ist immer auch mehr als Methode, ist Entwurf und Wagnis, und eben doch auch saubere Methode, die der *Energeia* eines Problems usw. von dem Warum, Dass, Was, Wem und Wie folgt, das *Ergon* umgekehrt aufrollt, von Wie zum Was, Dass und Warum. Wissenschaft als Forschung, aber auch als Lehre, verschlingt Unsummen. Verschlingt sie nicht auch mehr Leben als sie fördert? Aphoristik entrollt keine Fahne für Zweckfreiheiten, auch nicht für Allerweltsgelehrte und Jetprofessoren, nicht für Schaulaufen.

> Wie viele Termine hatte Kant täglich? Wie viele Reisen jährlich? (War er nicht ein bekannter Professor?)
>
> A. W. 3.12.2002

Wissenschaft plagiiert nicht. Sie ist mehr als Addition sorgfältigen Exzerpierens und korrekten Zitierens. Über diese Bedingungen hinaus müssen Köpfe elementarisieren und zum Wurf in Neuland ansetzen.

> Er exzerpierte beständig, und alles, was er las, ging aus einem Buche *neben dem Kopfe vorbei* in ein anderes. Lichtenberg (DA ²1994, 16)

Wissenschaft scheint vor allem das, was nicht an der Glocke hängt, was nicht ungeprüft zu Markte geht, nicht sofort erkannt und anerkannt wird. Gerade Misserfolge fördern, wenn sie höhere Konzentrationen auslösen, die Erkenntnis. Im 17. Jahrhundert konstatierte Thomas Fuller – er mag an Kopernikus oder Galilei gedacht haben – die Ungleichheit von Verkaufsziffern und Wirkungen.

> Wissenschaft hat durch die Bücher profitiert, bei denen die Drucker Verluste erlitten.
>
> Fuller (Fre 1987, 101)

Wissenschaft übersteht Erfolglosigkeit, wenn sie sich des Richtigen vergewissert. Sie flüchtet in Ironie, um sich zu schützen, nicht um zu verletzen.

> Ironie ist keine Waffe, eher ein Trost der Ohnmächtigen.
>
> L. Marcuse (DA 2010, 180)

Ironie schafft Distanz. Ohne Distanz keine Wissenschaft. Distanz isoliert aber, vereinsamt zuletzt. Wissenschaft fordert Balance zwischen Isolation und Wirkung.

Literatur

Man kann Literatur nicht eins zu eins verwissenschaftlichen, jedenfalls nicht poetische Literatur, Dichtung. Man meidet gerne diese Sonderung, weil Literatur eben Sprache ist, doch nicht wie jedes zweckbestimmte Sprechen. Literatur ist geformte Sprache, durch Form aufgeladene Sprache. Ohne die Komponente der Form bestünde sie nicht als Literatur, sondern wäre Nachricht und Information. Auf dieser verwobenen Gestalt beruht der Anspruch, Kunst zu sein, als Phänomen ein Ganzes, also Erscheinung und Ereignis.

> Man suche nur nichts hinter den Phänomenen: sie selbst sind die Lehre.
> Goethe (DA ²1994, 31)

Es geht nicht in erster Linie um Inhalte und Aussagen, sondern um deren Geformtheit, um das Wie im Was

> Den Stoff sieht jedermann vor sich, den Gehalt findet nur der, der etwas dazu zu tun hat, und die Form ist ein Geheimnis den meisten.
> Goethe (DA ²1994, 34)

Literatur ist kein Problemspeicher, vielmehr Problemprofilierung durch Distanzierung. Die ausschließliche Frage nach den Problemen greift fehl, weil sie die Potenzierung entpotenziert. Und Form gebietet immer Mehrleistung, im Alltag, in der Sprache, im Stil. Ringen um Literatur ist Ringen um die Anstrengung der Form.

> Ist nicht die Verzweiflung des gegenwärtigen Zeitalters der verlorengegangene Glaube an die Form?
> Hofmannsthal (DA 2010, 136)

Geformte Sprache als Gestalt beansprucht alle Sinne. Nicht-Logik trägt den Logos mit, durchwirkt ihn, und umgekehrt.

> Jedes Wort hat seinen Geruch: es gibt eine Harmonie und Disharmonie der Gerüche.
> Nietzsche (KSA 2222, 604)

Die sogenannte Postmoderne mag das leugnen oder nicht. Was wäre aber postmodern? Also ein Danach? Zustand, in dem Moderne modert?

Aphorismen fordern Poetologie heraus, die zu kultivieren es Felder der Systematik bedürfte. Dabei liest sich Literaturkritik als Kritik an Literaten so unverbraucht wie vor zwei Jahrhunderten.

> Die jetzigen Schriftsteller zucken die Achseln am meisten über die, auf deren Achseln sie stehen; und erheben die am meisten, die an ihnen hinaufkriechen.
> Jean Paul (DA ²1994, 58)

Jeder Bruch verlangt einen neuen Anfang. Jeder Bruch verzichtet und öffnet.

Er verbrannte alle seine Bücher und zog sich als Eremit in eine öffentliche Bibliothek zurück.

Canetti (DA ²1994, 280)

Der Rückzug bezeichnet die Verzweiflung über die Unbezahlbarkeit von Massenproduktionen, über lebenslanges Nie-zuende-lesen-können, über Büchermengen in Wohnungsenge. Die Flucht in eine „öffentliche Bibliothek" verspricht Entlastung angesichts des Vielen, Wahlfreiheit, Verfügbarkeit, befreiende Distanz und sichtbare Bescheidung. Die Welt der Bücher steht dort gegenüber, ohne dass sich das lesende Ich durch die Bücherwände genötigt fühlt. Und Peter Handke wendet den Blick vom Reproduzieren zum Produzieren, in Analogie zu Karl Marx.

Ihr habt die Welt immer nur interpretiert und verändert; aber es kommt darauf an, sie zu *beschreiben*.

Handke (WL 2009, 232)

Er will ein neues Verhältnis von Sprache und Welt stiften.

Seitenblicke

Der Weg nach Weimar ist unübersehbar ausgeschildert, mit Zitaten gepflastert und mit Kommentaren bezäunt.

A. W. 12.4.2004

War es nicht immer so? Durch zwei Jahrhunderte? Weimar, der deutsche Olymp, war und ist unvergleichlich sichtbar, so wie der Ararat oder der Fujiama Räume dominieren. Die Zufahrten sind heute gebahnt und befahren. Aber nicht alle Pilger haben den heiligen Gipfel erklommen (Kleist, Hölderlin). Das Nachdenken gleitet in die Zeitgenossenschaft. Lichtenberg beispielsweise blieb fern, wohl nicht nur wegen der Körperbehinderung; denn England vermochte der Göttinger durchaus aufzusuchen.

Hierher gehört die seelenstärkenden Leben des Plutarch gegen die gutgeschriebenen, aber entnervenden Werther und fade Klostergeschichten. Sie können keinen Robinson Crusoe schreiben.

Lichtenberg (I 552)

Der Eintrag stammt aus den „Sudelbüchern" (Heft F, 1776-1779). Der Zeitgenosse versagte sich den Stürmern und Drängern und ihrem Wortführer. Unproduktive Empfindsamkeit, der er doch in England begegnet war, lehnte er ab wie trotzige Rebellerei. Als Maß gab er Daniel Defoes „Robinson Crusoe" (1719) vor, den Entdecker- und Abenteurerroman, der auf den Globus hinauswies zu Forschern wie Cook, Forster, Humboldt. Realitäten erkunden, nicht sentimental bespiegeln. Der mittlere Goethe wandte sich Forschungen intensiv zu und hielt aus geographischen, biologischen und morphologischen Interessen Kontakt zu Alexander von Humboldt.

Napoleon, der Bändiger der Revolution, dagegen soll auf der Höhe der Macht (1808 in Erfurt) dem Autor gestanden haben, dass er den „Werther", siebenmal gelesen, sozusagen im Tornister mitführe.

Lichtenberg bestätigte sich damit als Literaturkritiker. Die treten richtend, richterlich, bisweilen scharfrichterlich auf.

Richter, manchmal Henker, das einklappbare Fallbeil griffbereit in der Tasche. Sie machen Meinung, schaffen Raum für Hochauflagen, steuern die Wucherungen der Literaturen durch Heckenschnitte bis zu Kahlschlägen.

Wären Literaturkritiker Literaten, Philologen oder Journalisten? Stets *second hander*, vertreten sie doch ein Genre, das sprachschöpferisch und stilbildend wirkt (Krauss, Kerr, Reich-Ranicki …), indem sie die Aufgaben einer Wissenschaft von der Literatur zuspitzen, überspitzen, verschärfen, auch vergessen und versäumen, Fortissimi zu registrieren, Pianissimi zu vernehmen und die Mittellagen zu ermuntern.

Auch literaturhistorische Revisionen stehen ihnen zu, wie übrigens allen Germanisten. Sie könnten bedenken, ob man statt von „lyrischen Ichs" von lyrischem Wir sprechen oder die Historizität von Romanen (z. B. Golo Mann „Wallenstein", Solschenizyn „August 1914" usw.) überdenken sollte.

> Jeder historische Roman vermittelt ein ausgezeichnetes Bild von der Epoche des Verfassers.
>   Tucholsky (DA ²1994, 254)

Nicht zuletzt: Korrektur von eingeschliffenen Meinungen, so schrittsicher wie explosiv.

> Nietzsche ent-hegelte die Philosophie.
>   A. W. 23.7.2010

Er reißt Unerwartetes, noch Un-Erhörtes auf. Ob „besser" oder nicht, danach ruft zunächst kein Aphorismus.

Literatur sendet Botschaften aus dem Raum des Ästhetischen. Ästhetik entfaltet Gefühle der Freiheit durch Gewinn von Distanz zu in sich begrenztem, scheinbar frei geformtem Spielen mittels Tönen, Worten, Farben, Formen, nicht sinnlos, vielmehr sinnbehaftet, Sinn zeugend und bezeugend. Ästhetisierung läuft allerdings Gefahr des Irrealisierens. Als Problem der Distanz schafft sie Erfahrungen von existentieller Ferne, von Unbetroffenheit und Zweckfreiheit: *theatrum mundi*. Deswegen vergessen gerade ästhetisierende Gezeiten nicht des Gegenpendels der *artes moriendi*: im verfärbten Mittelalter, im prallen Barock, in verdunkelnder Romantik und zitterndem Impressionismus.

> Die Poesie ist die Aussicht aus dem Krankenzimmer des Lebens.
>   Jean Paul (DA 2010, 41)

Poesie als Gegenspiel, als Überspielen bloßer Endlichkeit. Bewusstes Als-ob.

Und seltsam: das Gestaltete ist ästhetisch, und weil es ästhetisch sich formt und darstellt, dauert es, fällt aber in Totenstarre, wenn es nichts als Gestalt wird, die sich nicht und die nichts bewegt.

> Was nicht Gestalt gewinnt, zerfällt,
> Was nur Gestalt gewinnt, stirbt ab.
>
> Brock (DA 2010, 168)

Um den ästhetischen Zustand zu gewinnen, taugen (fast) alle Mittel. Sie erheben den Zweck, erhöhen ihn, fast dient er ihnen.

> In der Kunst heiligen die Mittel den Zweck.
>
> Leonhard (DA 2010, 163)

Dennoch: auch dieser Aphorismus bringt zwar Gedanken in Fluss, kippt aber das ästhetische Spiel auf die Gegenseite.

Leben und Tod

Ewiges Leben?

Tod gebietet Vergänglichkeit. Leben aber will Leben, will Über-Leben, will Dauer. Und gerade die ist wirklich Lebendem versagt. Projektionen der Verheißung eines Lebens ohne Ende im Jenseits (Paradies, Nirwana, Hades) müssen zwangsläufig und notwenig einen überdauernden, jedoch unbetretbaren Raum entwerfen, in dem es außerdem gerechter zugeht als in dem von Menschen bestimmten Diesseits. Dort wartet das eigentliche Leben als Paradies und das gültige Recht als Jüngstes Gericht.

Zweifelsohne entwerten Jenseitsprojektionen das Diesseits, damit das Leben auf dieser Erde, in das wir gesetzt wurden, das wir bestehen sollen und das wir wieder verlassen müssen. Zweifelsohne helfen gerade diese Projektionen, das vorläufige, gebrechliche, unvollendbare Diesseits zu bestehen, in der Hoffnung auf das bessere Jenseits. Weltimmanentes Denken wendet sich von transzendentem ab, weist Schuld zu und wirft Betrug vor.

> Der Himmel hat uns die Erde verdorben.
>
> Seume (DA 2010, 44)

> Weist nur die Menschen in den Himmel, wenn ihr sie um alles Irdische königlich betrügen wollt!
>
> Seume (DA ²1994, 51)

Der Vorwurf des Verderbens und des Betrugs am Irdischen durch die Richtung der Blicke auf Jenseitiges übergeht die Notwendigkeit der Projektionen, die von der Endlichkeit, Vorläufigkeit, Gebrechlichkeit und Unzulänglichkeit des Menschen im Diesseits abheben. Ob ohne sie das Leben hier leichter zu leben wäre, ist nicht zu entscheiden. Intensiver vielleicht, aber wohl auch gewaltsamer, rastloser, gieriger. Die Aphorismen Seumes entlarven auch Diesseitsillusionen, indem sie Jenseitsillusionen entlarven.

Anders Goethe. Auch er sieht Ewigkeit in jedem Augenblick hier – wiederholt betont er, der Augenblick sei Ewigkeit. Sie wird im Hier und Jetzt wirklich. Ewigkeit wird verfehlt, wenn sie nicht im Hier gelebt wird. Ohne Vorwurf jedoch überlässt Goethe das Unwissbare oder Undenkbare einem Jenseits, dem Ehrfurcht gebührt. Aphoristisch neu formuliert:

> Die Ewigkeit beneidet alles Sterbliche.
>
> Ramón Gomez (WL 2009, 164)

> Ewigkeit kommt
> zu jedem Zeitpunkt vor.
>
> Benyoëtz (Be 2007, 186)

Geschöpflichkeit

Niemand noch hat sich selbst zur Welt gebracht. Manche aber leben so, als ob sie Selbstschöpfer wären.

A. W. 13.1.2011

Eingeborene Hybris bricht auf mit dem Selbstbewusstsein des Ichs. Das Thema setzt ein mit dem biblischen Sündenfall und dauert fort in intellektueller Virulenz. Auch die scheint logifizierte Vitalität, die das Warum nicht beantwortet.

Alle Menschen wollen leben: aber keiner weiß, warum er lebt.

Schopenhauer (Sen. 32)

Sinnsuche, Sinnfindung und Sinngebung sind aufgetragen und abverlangt. Deswegen das Vorläufige, das Fragmentarische, das Aphoristische des Lebens, damit es immer wieder fruchtbar werden kann.

Nur das Fruchtbare hat die Vergänglichkeit in sich.

Benyoëtz (WL 2009, 224)

Das Stirb und Werde, die Gezeiten, der Wechsel, die Spannung. Das Leben ist schön, wie es Lynkeus, der Türmer, an Fausts Abend singt.

Das Leben im theatrum mundi ist schön.
Auch wenn man nicht in der Loge sitzt.

A. W. 22.11.2009

Sinn?

Wer sucht, findet nicht, aber wer nicht sucht, wird gefunden.

Kafka (DA [2]1994, 246)

Was man nicht erzwingen kann, darf man sich schenken lassen. Hochmut, das Geschenk abzuweisen oder zu korrigieren. Auch Gnade, Begnadigung für möglich zu halten, das Überraschende, Unregulierte ist Geschenk. Mit anderen Worten: das Nicht-nur-selbst-sein-wollen, sondern das Hören von Rufen und Anrufen. Jenseits von Handys.

Wir sind zu Sinnsuche, Sinnfindung und Sinngebung gerufen. Wir machen nicht den Sinn, wir sind gewissermaßen der Sinn, der Transformator, der Antennen ausfaltet. Sinn reift in uns, und wir bringen Sinn zur Reife.

Reife –
die eingesammelte
Einsamkeit.

Benyoëtz (Be 2007, 123)

Wir entdecken als Beweis für die Welt unser Dasein, nicht nur unser Denken. Weil es uns gibt, muss es Welt – Makro- und Mikrokosmos – geben.

> Wir haben keinen anderen Beweis für die Existenz der Welt, als den, dass wir ohne sie nicht existieren würden.
>
> Napierski (WL 2009, 173)

Die aphorisitische These scheint zulässig, weil wir Teil der Welt sind. Unzulässig scheint dagegen der Schluss vom Kosmos als Kreation auf einen Kreator. Gott oder Götter werden dann zu erhabenen, weil erhobenen Menschen.

> Nichts ist so menschlich wie das Göttliche.
>
> Valéry (WL 2009, 139)

Demnach wäre Gott oder das Göttliche das Allermenschlichste. In dieser herausfordernden These könnten sich Goethes Weltsicht wie Jesu-Deutungen kreuzen.

Gottes Inkarnation setzt das Humane frei und erhebt es. Der Mensch – *homo* – betet im Humanismus eigentlich sich selbst an, optimistisch, weil Optimismus zu leben hilft.

> Der *Humanismus* trägt den Optimismus in sich und ist in sofern falsch, einseitig und oberflächlich.　　　　　Schopenhauer (Sen 69)

> Der Optimismus ist das unberechtigte Selbstlob des wahren und eigentlichen Weltschöpfers.　　　　　Schopenhauer (Sen 100)

Nach Schopenhauer verbrämt Humanismus und macht selbstgerecht.

Humanismus allein ist nie der Welt gerecht geworden. Die Geschichte spricht eine andere Sprache als der antike oder renaissancistische, gar philologische, ja auch christliche Humanismus programmiert und erwarten lässt. Der Zusammenstoß von Weltrealitäten und Humanideen ernüchtert bis zu Verzweiflungen.

> Unsere Welt ist bevölkert mit verzweifelten Optimisten.
>
> Chargaff (DA 2010, 224)

Ja, als Aphorismen lassen sich auch die Anklagen der Beschönigung, Täuschung, Irreführung, Fehleinschätzung in die Debatte werfen.

> Der Schild der Humanität ist die beste, sicherste Decke der niederträchtigsten öffentlichen Gaunerei.　　　　　Seume (DA ²1994, 52)

Die biblisch verheißene Gottesebenbildlichkeit des Menschen könnte im Humanismus hybrid werden. Im Spiegel schaut der Mensch dann sich selbst als Gott. Nietzsche, als Altphilologe gelernter Humanist, durchschaut die Spiegelung, als Spekulation.

Versuchen wir den Spiegel an sich zu betrachten, so entdecken wir endlich nichts als Dinge auf ihm. Wollen wir die Dinge fassen, so kommen wir zuletzt wieder auf nichts als den Spiegel. – Dies ist die allgemeine Geschichte der Erkenntnis.

Nietzsche (WL 2009, 119)

Humanismus erscheint als optimistische Selbsttäuschung des Menschen, Täuschung über das Gefangensein in sich selber, über falschen Glücksanstrich, der Ausflucht vor Versuchen der Selbstenträtselung.

Er zog sich zu Draht aus und flocht sich zum Käfig.

Canetti (WL 2009, 178)

Man zahlt viel für die falsche Bemalung des Glücks.

Canetti (DA 2010, 227)

Die Sphinxfrage als Sinnfrage verquickt sich mit der Perspektivität: Sicht der Welt von unserem Standpunkt, der sich um Lebens willen zu behaupten versucht; Doppelsicht der Welt durch ein gespaltenes Ich, also durch zwei konkurrierende, wenn nicht feindliche Ichs; Allround-Sicht durch vielerlei ortlose Ichs, bis zu Selbstzerfaserung und Selbstverlust.

Die ausgesandten Erwartungen prallen zurück, und gerade die hohen enttäuschen am höchsten.

Je leichter man den Menschen verzeiht, desto weniger erwartet man von ihnen.

Moser (DA 2010, 150)

Wer alles verzeiht, weil er alles versteht, hat bloß nichts verstanden.

Gómez Davila (WL 2009, 204)

Man verzeiht, solange man liebt.

La Rochefocault (WL 2009, 21)

Verzeihen ist ein Akt der Liebe, das sofortige Um-Verzeihung-bitten aber eine verschlissene Umgangsfloskel. Vertrauen fördert Verlässlichkeit und Sympathie.

Vertrauen ist Mut, und Treue ist Kraft.

Ebner-Eschenbach (IX 7)

Lebens-Wahn

Stoiker haben zu allen Zeiten das Leben skeptisch betrachtet, wenn nicht verachtet, um das Leben zu bestehen und zu überstehen. Das Loslassen fällt schließlich leichter.

Des Lebens Zeit ist ein Augenblick, sein Wesen dem fließenden Wasser ähnlich, die Empfindung ist dunkel, des ganzen Körpers Gewebe zum Verwesen geneigt, die Seele ein Kreisel, ihr Schicksal ein Rätsel, des Menschen Nachrede verworren; kurzum, was zum Leib gehört, Traum und Rauch; das Leben ein Kampf und eine Reise im fremden Land, der Nachruhm Vergessenheit.

Marc Aurel (9. Selbstb. 19)

Den Vergehens-Tenor aus Zeiten der silbernen Latinität nimmt das barocke Vanitas-Denken bis in Wort und Bild wieder auf. Leben ein Spuk und Wahn, dazu kurz, verkürzt von Krieg, Seuchen, Hunger. Die Forderung, den Lebenswahn fallen zu lassen, ist vorgegeben.

> Das Leben ist ein Wahn! …
> Lass den Wahn schwinden, dann ist auch das „Wehe mir!" geschwunden. Mit dem „Wehe mir!" aber auch das Wehe.

Marc Aurel (Selbstb. 35)

Der Stoiker fordert Entsagung und Verzicht auf die Freuden und Schönheiten des Lebens, sie zu ignorieren, um sie endlich leichteren Herzens aufzugeben. Aphoristiker weisen in diese Richtung.

> Leben ist eine Krankheit, von der der Schlaf alle sechzehn Stunden einmal befreit. Es ist nur ein Palliativ, der Tod ist das Heilmittel,

Chamfort (WL 2009, 38)

> Das Leben ist rastlose Vereinigung des Unvereinbaren.

Hofmannsthal (DA 2010, 138)

> Die Welt ist ein Gefängnis, in dem Einzelhaft vorzuziehen ist.

Kraus (DA 2010, 127)

> Der Mensch ist ein in einem Spiegelkerker Gefangener.

Morgenstern (DA [2]1994, 197)

> Die Welt ist das Plagiat der Hölle.

Petan (WL 2009, 217)

Leben als Krankheit, Aussatz, Seuche, Leben als gekittete Unvereinbarkeit, Leben als Gefangenschaft im Diesseits, Leben als abgekupferte Hölle: ein paar Metaphern aus dem Vorstellungsraum der Stoa. Die Palliativ-Funktion des Schlafes verweist auf den Dauerschlaf des Todes als einzigem „Heilmittel"; die Rastlosigkeit entsteht aus den Unvereinbarkeiten, zwischen denen der Mensch sich vorfindet; grundsätzliche Kerkerhaftigkeit bestimmen die Stäbe jenes Rilkeschen „Panthers", hinter denen Welt beginnt und Erkenntnis möglich wäre. Schlimmer noch: Verhaftet-sein den eigenen Fort-Spiegelungen. Last not least: Welt als „Plagiat", nicht Original der Hölle. Hölle wurde vielfach aus Weltzuständen plakatiert und plagiiert, hier wird sie als phantasielose unschöpferische Abbildung des jenseitigen, metaphysisch Bösen benannt, Vorwegnahme von Höllenvorstellungen, nach denen nichts Böseres mehr kommt. Zum Trost, die Spannung der Aphorismen ist auf Entspannung angelegt, auf Er-Lösung vom Leben.

Diesseitigkeit ironisiert. Der Mensch, Krone der Schöpfung, gerät in ein Zwielicht.

> Ein Meisterstück der Schöpfung ist der Mensch auch schon deswegen, dass er bei allem Determinismus glaubt, er agiere als freies Wesen.
>
> Lichtenberg (II 276)

> Dass der Mensch das edelste Geschöpf sei, lässt sich auch schon daran abnehmen, dass ihm noch kein anderes Geschöpf widersprochen hat.
>
> Lichtenberg (I 282)

Mit dem „freien Wesen" stellt Lichtenberg auch den freien Willen wie die freie Meinung in Frage, weil er den Menschen determiniert versteht. Der Mensch, entthront und entkrönt, zeigt sich als Selbstillusionär, dessen Anspruch allerdings unwidersprochen bleibt, weil er allein Sprache hat als das *zoon logon echon*. Lichtenberg reduziert den Menschen und bestätigt ihn zugleich in seiner Welt als eine Welt.

Bloß Mensch

Aphorismen grenzen bisweilen an Weisheitslehren, grenzen an Räume, zu denen sie Türen öffnen. Sie decken auf, dass fixierte vorgreifende Erwartung eines Morgen das Heute entwertet, so dass es versäumt würde. Zukunftsstarre Blicke sind vom Hier und Jetzt ebenso abgewandt wie notorisch eingefahrene Rückwendung. Zwischen Gestern und Morgen verliert sich das Heute in einem gewichtslosen Durchgangszeitraum. Leben, Zeit und Ewigkeit aber ereignen sich nur im Heute.

> Das größte Hindernis des Lebens ist die Erwartung, die sich auf den folgenden Tag richtet. Du verlierst dadurch das Heute.
>
> Seneca (Sen. 66)

Das zu erfüllende Dazwischen-sein als dem Augenblick der Ewigkeit korrespondiert das Dazwischen-sein des Menschen zwischen oben und unten, zwischen Engel und Tier.

> Der Mensch ist weder Engel noch Tier, und das Unglück will es, dass, wer einen Engel aus ihm machen will, ein Tier aus ihm macht.
>
> Pascal (WL 2009, 24)

Zwischen Sanktität und Bestialität schwingt des Menschen beseelte Körperhaftigkeit. Blaise Pascal ordnet dieses geisthabende Körperwesen weder den oberen noch den unteren Ordnungen zu. Als Geschöpf, das die Schöpfung krönt, steht es dazwischen, nach unten gebunden, nach oben offen, als eine Art Mittler. Glück wäre, wenn der Mensch die Stellung begriffe und die Aufgabe erfüllte. Aber „das Unglück will es", dass er mehr sein will als seine Natur, dass er, je mehr er die Körperhaftigkeit übersteigen will, umso mehr von ihr eingeholt wird. Die Natur schlägt zurück. Das Engel-sein-wollen übersieht und verachtet das Tierhafte, das heißt: Die Zuordnung zu den Säugetieren, zu Geschlechtlichkeit, zu Geburt und Tod. Heiligung gelingt nicht in extremer „Heiligkeit". Die Gefährdung ist übernormal. Der Umschlag vernichtet das aufgetragene Menschliche.

Selbsterhöhung des Menschen scheint nur möglich, wenn er von dem ausgeht, worin er sich befindet, und was er ist.

> Wer auf sein Elend trifft, steht höher.
>
> Hölderlin („Hyperion" II 1)

Die Sentenz fordert heraus, weil das übliche Verständnis von „Elend" ins Tiefere weist, ins jämmerliche Versinken. Hier aber tritt jemand mit Stolz auf dieses Elend, bekennt und erhöht sich. Das Elend erhöht ihn, weil er sich von ihm frei gemacht hat und dadurch größer geworden ist. Durchlittenes und überstiegenes Elend erhöht. Indem im Roman Hyperion dies bekennt, überwindet er das Leid über die moralische Niederlage durch die marodierenden Freiheitskämpfer in Hellas. In dem Wort löst sich wohl auch das Elend (wörtlich: *ali lanti*) des unsteten Hauslehrers Hölderlin.

Der Satz Hölderlins findet sich als Aphorismus Emil Götts wieder (DA 2010, 114), aus einer Zeit, da Hölderlin (wieder-)entdeckt und herausgegeben wurde. Ging Hölderlins Formulierung derart in Gött ein, dass er sich des Plagiates nicht bewusst wurde?

Auf jenen Aufblick Pascals zum Engelhaften verzichtet Nietzsche, in dem er den Menschen zum „Übermenschen" steigern will. Schon in der folgenden Generation widerruft ein durchblickender Aphorismus diese These, in Zeiten, als jugendbewegte Ideologen Übermenschen züchten und dadurch Macht gewinnen wollten.

> Der Übermensch ist ein verfrühtes Ideal, das den Menschen voraussetzt.
>
> Kraus (WL 2009, 147)

Der „Übermensch" Nietzsches ist nicht der durch sein Elend erhöhte Mensch Hölderlins. Das „verfrühte Ideal", deutet der Aphorismus an, könnte eingeholt werden, wenn der Mensch erst zur Menschlichkeit gebildet sein würde. Karl Kraus gibt die Voraussetzung zu bedenken, offenbar weil ihm fraglich scheint, dass sie je erfüllt werde. Er weist den Menschen auf sich zurück.

Schaut man genauer hin, zeigt dieses Wesen Mensch seine Schwachstellen. Aphoristiker dürfen und werden diese nicht übersehen oder übergehen. Denn gerade daran entzündet sich Selbstreflexion.

> Der Mensch hat auch eine moralische backside, die er nicht ohne Not zeigt, und die er so lange als möglich mit den Hosen des guten Anstandes zudeckt.
>
> Lichtenberg (I 67)

Der Mensch hat sozusagen nur sich selbst geerbt, eine problematische Erbschaft, die ihn in sich zum konträren, zerrissenen Ich macht: der Zerrissene, ein Prototyp der Romantik.

Ich habe nichts als mich von meinen Eltern geerbt.

Jean Paul (WL 2009, 73)

Der Mensch ist nie allein – das Selbstbewusstsein macht, dass immer zwei Ichs in einer Stube sind.

Jean Paul (WL 2009, 69)

Moll-Akkorde

Niemand fürchtet (angeblich) den Tod, aber das Sterben. Jeder weiß es: Irgendwann ist irgendwo Endstation, hört das Paradies oder die Hölle auf Erden auf, falls das Leben paradiesisch oder höllisch ist oder war. Wir sind zum Tode geboren oder verurteilt, ohne das Wann, Wo und Wie der Vollstreckung zu kennen, falls wir es nicht selbst voreilig einleiten. Wir fallen wie die Blätter in Rilkes Gedicht „Herbst".

Zitiert wird häufig jener Hymnus auf die Natur, den man lange Zeit dem jungen Goethe zuschrieb, und der jedenfalls ein pantheistisches Weltfühlen des „Eins und alles" trägt. Im Stirb und Werde hat Goethe die Polarität bezeichnet, indes er dem realen Sterben, wo möglich, ausgewichen ist.

Jener Hymnus sieht den Tod als „Kunstgriff der Natur, viel Leben zu haben": das Vergehen reizt neues Leben an, macht wie Ernte zu Neusaat Boden und Räume frei: Mit jedem Tod gewinnt Leben neue Möglichkeiten der Reproduktion, Variation und Metamorphose, gesamt: der Evolution.

Dem „Todesgedanken in der deutschen Dichtung" ist Walter Rehm (1928) nachgegangen: Dieser Gedanke gipfelt im Streitgespräch des „Ackermanns aus Böhmen" (c. 1401) mit dem Tod, gipfelt im „Jedermann", den Hofmannsthal in Salzburg wieder zur Vorstellung brachte, gipfelt auch in Joseph Roths „Kapuzinergruft" (1938). Die wenigen Andeutungen genügen, um ein großes Thema aufzuzeigen.

Aphorismen um Leben und Tod sind zahlreich wie solche um Gott und Welt. Gedanken, die dies aufgreifen und erinnern, könnten jedermanns Gedanken sein. Aphorismen eröffnen Lehrzeiten und Bedenkzeiten, sie durchlöchern die Schleier von Erfolgs-, Wohlfühl- und Wohlstandsgesellschaften, so auf der Machthöhe Roms oder der Napoleons, in den Verschattungen der Romantik oder den Katastrophen totaler Kriege.

Seneca erfuhr die Vollstreckung durch seinen „Schüler" Nero und hat die Probe bestanden (soweit ein anderer solches sagen kann).

Ein ganzes Leben muss man sterben lernen.

Seneca (Sen. 66)

Wer sterben gelernt hat, hört auf, Knecht zu sein.

Seneca (Sen. 76)

Diese Haltung steigert und wiederholt sich im sogenannten Heldentod, aber auch als Macht sogenannter Todesschwadronen bis zu der von Selbstmordattentätern. Androhung von Todesstrafen erreicht sie nicht. Durch Verzicht auf Leben sind sie frei zu jeder Tat und Untat.

Novalis, der Frühverstorbene, mochte um jenen Naturhymnus wissen. Aus seinen Gedanken kann man diesen heraushören, aber weniger, wie Goethe, das Lebensbefristende.

> Leben ist der Anfang des Todes. Das Leben ist um des Todes Willen. Tod ist Endigung und Anfang zugleich, Scheidung und nähere Selbstverbindung zugleich. Durch den Tod wird die Reduktion vollendet.

Novalis (II 231)

Johann Gottfried Seume, Zeitgenosse Goethes und Novalis', wandert nicht nur nach Syrakus, was er beschreibt, er nimmt auch quasi Seneca auf, indem er variiert.

> Wer den Tod fürchtet, hat das Leben verloren.

Seume (DA 2010, 45)

Es ist und bleibt paradox: Lebensverlust durch Todesfurcht, aber: Lebensgewinn durch Selbstaufgabe. Tod als Stachel im Fleisch des Lebens.

Schopenhauers verbissener Pessimismus malt Schwarz auf Schwarz, indem er das Leben quasi als Bußgang oder Bußübung qualifiziert, doppelt: durch das Leben und durch das Sterben.

> Alles was lebt, muss sein Dasein abbüßen,
> erst im Leben und dann im Sterben.

Schopenhauer (Sen 124)

Und noch bei Karl Heinrich Waggerl schlägt jene dunkle Tradition des *memento mortis* durch.

> So wie wir geboren werden, werden wir auch gestorben.

Waggerl (DA ²1994, 265)

Solche Moll-Aphorismen reichen bis in die Gegenwart. Unmodern oder nicht: Der Tod hebt sich nicht auf, auch wenn er nicht gedacht werden soll.

> Das Grauenvolle des Todes ist seine Undenkbarkeit. Kein Denken kann die Negation des Denkens denken.
>
> Kudszus (DA 2010, 203)

Noch ein Kontrapost: der Verlust des Paradieses, das eben nur Tote erreichen und betreten.

Schade, dass man ins Paradies mit einem Leichenwagen fährt.

Lec (Gröz. 2010, 159)

Wer es erfährt bzw. erreicht, das Paradies, sieht es nicht. Diesseits herrscht die Existentialität: Leben oder Tod, Leben und Tod. Nach Seneca muss man lebenslang sterben lernen.

Wir nehmen nicht einmal Abschied vom Leben, vielmehr umgekehrt: Das Leben verabschiedet sich von uns. Es verabschiedet uns zuletzt.

Wir nehmen nicht Abschied
von unserm Leben,
mit ihm
verscheiden wir.

Benyoëtz (Be 2007, 189)

Gott und Welt

Glauben und Denken

Gott ist tot.   Nietzsche

Mit Nietzsches Behauptung könnten wir das Kapitel schließen und versiegeln, bevor es sich auftut. Die Behauptung erübrigt jede Reflexion, statt sie anzuregen. Man kann sie nur ablehnen oder bejahen. Denn sie ist ein sprachwirksamer provozierender Schlusssatz einer möglichen Gedankenkette, schließt ab, ohne zu öffnen. Die Parole ist hineingeworfen in die religiöse und philosophische Situation inmitten des 19. Jahrhunderts, als man, im Erbe des französischen Materialismus, der Revolution, und im Zuge des Linkshegelianismus (L. Feuerbach, Marx) um die Kulturgrundlagen rang. Nietzsche setzte ein Fanal, das zu Folge oder Abwehr auffordert. Die indikativische Feststellung macht keinen Aphorismus. Ihr fehlt der gegenpolige Takt, das Konjunktivische, was Denken auslöst. Nietzsche aber hat für den Adressaten gedacht, dessen Denkmöglichkeit ausgeschaltet, so explosiv wie indiskutabel.

Demgegenüber stehen zahlreiche Aphorismen, die Gott, den „uralten Turm" (Rilke) umkreisen, die substantielles Denken freisetzen oder dessen Möglichkeiten zurückbringen.

Jeder steht vor (andere sagen: in) der Transzendenz, mag er den Bezug annehmen, leugnen oder ablehnen. Auch die verbissene Immanenz des schein-autonomen Ichs unterliegt diesem Bezug. Niemand kommt aus sich und jeder will über sich hinaus. Wir nennen dieses Über-uns Gott, andere sagen Vorsehung, Urgrund, Urknall. „Name ist Schall und Rauch" („Faust", 3456): Damit entzieht sich Faust Gretchen gegenüber jeder Definition, auch jedem Bekenntnis und schließlich jeder Verantwortung. Goethe indes weiß durchaus, dass etwas über uns ist, was wir „in Ehrfurcht verehren", wie es im „Meister"-Roman heißt.

Das Undefinierte und Undefinierbare entzieht sich jedem System und geht doch jeden an, der fragt. Dieses metaphysische Fragen greifen Aphorismen auf als Fälle des Glaubens, des Zweifels, der Hoffnung, der Gewissheit, der Ratlosigkeit.

Die meisten sagen „Gott", um sich vor sich selber zu verbergen.
Canetti (WL 2009, 182)

Gott, als Alles in Allem gedacht, soll schuld sein, weil er die Schöpfung verantwortet und damit alle Folgen, auch wenn diese der Mensch verschuldet. Hat er den nicht nach seinem Bilde geformt? So dient er als Tarnkappe des Menschen, nicht als Bergender, sondern Verbergender. Die Projektion auf Gott als Not-Helfer scheint durchsichtig. Auch das antike *do ut des* spielt dabei eine Rolle: Die Gegenseitigkeiten und die Gegenrechnungen in der vermenschlichten Götterfamilie, die Halbgötter zeugte, um Irrläufe zu korrigieren, so Herakles aber auch Siegfried, wird vom Fehlverhalten der Götter belastet.

Alles beruht auf Gegenseitigkeit: An Gott glauben nur die Menschen, an den Menschen nur die Götter.

Nowaczyński (WL 2009, 158)

Ist Gott der Traum der Menschheit? Es wäre zu schön. Ist die Menschheit der Traum Gottes? Es wäre zu abscheulich.

Schnitzler (WL 2009, 132)

Die Aphorismen schneiden Theologie als Psychologie an, in einer Dialektik von Gegenseitigkeit und von Unvereinbarkeit.

Denn einfach in Gleichgewichtschalen dürfte Gott sich weder wiegen noch handeln lassen. Luther erfuhr und benannte ihn als *deus absconditus*, von dem wir nichts wissen, der aber als lebensbegründende und lebensnotwendige Hypothese gilt. Von diesem Rahmen geprägt, muss der neuere Naturwissenschaftler die Alternative offenlassen und zugleich die Größendimension des Unerforschten oder Unerforschlichen anerkennen.

Weder leugnen noch glauben.

Lichtenberg (I 855)

Gott, die große Qualitas occulta.

Lichtenberg (II 275)

Trotz gewaltig erweiterter Kenntnisse dürfte sich die Position der Naturwissenschaften nicht verändert haben.

Durch Denken Gott zu umreißen und zu erschließen, ihn zu erdenken und zu durchdenken, ist seit je Anliegen der Theo-Logie: Den Logos durch die Logik einzuholen. Dogmen sind gedachte und systematisierte Glaubenssätze, zweifellos in Spannung zu aphoristischem Denken, das sich dagegen sträubt und es zugleich anstößt: ein anstößiges Denken.

Wer Gott zu denken versucht, vergötzt das Denken.

Kudszus (DA 2010, 204)

Warum denken wir? Weil wir an Gott leiden.

Schröder (DA 2010, 144)

Denkendes Glauben und glaubendes Denken scheint von der Natur des Menschen vorgegeben, dennoch entzieht sich Glauben der Rationalität. Alle Aussagen des Glaubens und über den Glauben betreten die Brücke der Sprache; sie müssen die Logosphäre durchlaufen, um kund zu werden. Ungenüge der Sprache hat seit je die Mystiker gequält.

Wenn wir fallen lassen, was von festen Begriffen eingeklemmt ist, so haben wir Religion.

Moser (DA 2010, 151)

Forschung, also Wissen, erweitert und ändert Wissen, sie unterliegt den Methoden der Verifikation und Falsifikation, nicht so der Glaube. Er ist nicht beweisbar, auch nicht überprüfbar, nicht antastbar, nur von Grund aus zerstörbar.

> Alles Geglaubte besteht, und nur dieses.
>
> Hofmannsthal (DA 2010, 135)

> Alles, woran man glaubt, beginnt zu existieren.
>
> Aichinger (DA 2010, 241)

Glaube kann Hilfe und Trost sein für die, die der Hilfe und des Trostes bedürfen, für Unglückliche, Elende, Kranke, Ausgestoßene oder Verachtete. Die anderen, die im Glück leben, halten dies für gerecht, für ihnen zustehend. Sie bedürfen dazu keines Glaubens, weil sie nicht getröstet werden wollen.

> Der Glaube ist der Unglücklichen Trost und der Glücklichen Schrecken.
>
> Vauvenargues (WL 2009, 34)

Glaube als „Schrecken" bedroht durch Einbruch eines Ganz-anderen die Scheinsicherheit und den Glücklichkeitswahn aufgrund gegebener oder erarbeiteter Vorteile und Begünstigungen. „Schrecken" löst der Gedanke an den Verlust aus.

Positivierter Glaube kann allerdings auch die Schärfe der Ausschließlichkeit bis hin zur Behauptung von Unfehlbarkeit annehmen. Er wird dann zum geschliffenen Messer. Er wird zur Waffe, aggressiv, vermutlich auch, weil der Aggressor seiner Sache nicht so sicher ist, vielleicht auch, weil er für des Nicht-Gläubigen Seelenheil fürchtet, bevormundend ihn leitet und korrigiert, um das Gute zu mehren. Aus Mission als Angebot wird Zwang. Die Absolutheit des Anspruchs rechtfertigt jedes Urteil und dessen Vollstreckung. Eine Art Egoismus, die anderes nicht duldet und leben lässt.

> Egoistisch wie ein Heiliger.   Renard (WL 2009, 134)

> Ein Glaube wie ein Fallbeil, so schwer, so leicht.
>
> Kafka (DA 2010, 155)

Hüten wir uns, solch „heiligen" Egoismus einer bestimmten Religion oder Konfession zuzuordnen. Er nährt sich aus Erfülltheit durch Glauben, der sich verkörpert und materialisiert, aber dadurch aufhört, Glaube zu sein, und der Un-Gläubige ausschließt, ja verfolgt.

Aphorismen können nach Glauben fragen, sie können nicht Glaubensinhalte und Glaubensformen ersetzen, sie nicht neu setzen.

Gott dienen ...

Mag die Theo-Logie, die Logifizierung des Gottesglaubens, mehr Heil als Unheil oder umgekehrt gestiftet haben, der Kontrast bleibt unvermeidlich, weil Aussagen über ein nicht fassbares Glaubenszentrum nur rational geschehen. Glaubensbekenntnisse können nur Wortbekenntnisse sein, in denen der sprachlose Glaube in Worte gefasst wird, die die Sprache bereithält und vorgibt.

> Die meisten Glaubens-Lehrer verteidigen ihre Sätze, nicht weil sie von der Wahrheit derselben überzeugt sind, sondern weil sie die Wahrheit derselben einmal behauptet haben.   Lichtenberg (I 729)

Lichtenberg spricht die Systemkonsequenz aphoristisch an, den Systemzwang, der entsprechend dem *collegium logicum* denkerisch folgert. Er könnte auch die permanente Selbstüberredung meinen, die sich selber überzeugt und rituell ununterbrochen einübt. Gott denken oder er-denken erfordert *summum intellectum*, was zugleich *sacrificium intellectus* bedeutet.

Von der Versprachlichung des Geglaubten her, die Missionierung ermöglicht, sind Kontroversen der Religionen und Konfessionen programmiert. Konversionen, auch wenn sie nicht erzwungen oder von Vorteilen veranlasst sind, scheinen doch relative Übergänge. Wird jemand, der eine andere Konfession usw. gewissermaßen ins Quadrat erhebt, ein besserer Christ, Moslem, Jude oder Buddhist? Proteste schaffen Konfessionen, doch keinen Glauben.

> Luther behauptete, auch der Papst (als der Eine) und die Konzilien (als Mehrheiten) können irren. Aber er (und sein Gewissen) nicht?
>   A. W. 7.10.1995

Aphoristisch lässt sich der müßige Disput zuspitzen, um am Ende sich mit Toleranz auszuloben. Stefan Andres hat einmal sinngemäß gesagt, das Hemd liege uns näher auf der Haut als der Anzug (den man wechseln kann). Aphoristisch lässt sich der Disput nicht lösen oder überwinden, lässt sich nur anstoßen, sich mit dem Überkommenen, den Traditionen, auseinanderzusetzen und, wenn möglich, in Einklang zu bringen.

> Die christliche Religion ist eine intentionierte politische Revolution, die, verfehlt, nachher moralisch geworden ist.   Goethe (DA [2]1994, 25)

Jesu Wort war im Judentum revolutionär, revolutionär wirkte es noch in den Parolen der Französischen Revolution. Vielleicht hat dieses erkannte Revolutionäre Goethe zum „dezidierten Nichtchristen", wie er sich einmal bezeichnete, werden lassen, jenes Potential, das fort und fort wirkt.

Lichtenberg, der Aufklärer, stellt die Blende schärfer ein.

> Ist es nicht sonderbar, dass die Menschen so gerne für die Religion fechten, und so ungerne nach ihren Vorschriften leben?   Lichtenberg (I 947)

Das Wort *Gottesdienst* sollte verlegt, und nicht mehr vom Kirchengehen, sondern bloß von guten Handlungen gebraucht werden.

Lichtenberg (II 201)

Der Aufklärer fragt, warum so viel eher in „heiligen Kriegen" Blutzoll gezahlt wird, warum heute etwa Selbstmordattentäter als Märtyrer gefeiert werden, und andererseits doch die Religion, die anderes verkündet, so wenig gelebt wird. Für eine Sache ruhmlos zu leben, Tag um Tag, scheint schwerer als dafür ruhmvoll zu sterben, die Sache mit dem Leben zu besiegeln. „Gottesdienst" als solcher, Kirchgang, geschweige Gottes-Krieg, wären noch nicht gute Handlungen, die selbstlos und durchaus unpublik sein sollten.

Der Kritiker Lichtenberg aber konstatiert auch die Ambivalenzen, damit die notwendigen gegenseitigen Bedingtheiten.

Das Land, wo die Kirchen schön und die Häuser verfallen sind, ist so gut verloren, als das, wo die Kirchen verfallen und die Häuser Schlösser werden.

Lichtenberg (II 152)

Die Sentenz richtet sich gegen antikirchliche Tendenzen der Radikalaufklärung und nicht weniger gegen die feudale Kirche des *ancien régime*. Die russische Revolution hat dann die Antikirchlichkeit der französischen extrem zugespitzt. Der Aphorismus spielt Kirchen und Bürgerhäuser gegeneinander aus und fordert ein Gleichgewicht noch aus der abendländischen Tradition. Dabei hält der Autor fest an der Diesseitigkeit kirchlicher Existenz, an der Geltung der Naturgesetze.

Dass in den Kirchen gepredigt wird, macht deswegen die Blitzableiter auf ihnen nicht überflüssig.

Lichtenberg (I 860)

Die Kirchen und ihre Würdenträger erfahren viel Kritik. Auch an Kernaussagen wagen sich Aphorismen heran.

Der Schöpfer
ist kein Glaubensartikel.

Benyoëtz (Be 2007, 181)

Wie sähe die Welt eigentlich aus, wenn Gott jedes Gebet erhörte?

Cybinski (DA 2010, 270)

Gott lässt sich nicht definieren und in Glaubensartikeln, von Konzilsmehrheiten beschlossen, festschreiben. Er ist ebensowenig Erfüllungsgehilfe aller Bittsteller, die betend herantreten. Er müsste die Schöpfungsordnungen aufheben, die Naturgesetze dem Chaos preisgeben. Er müsste sich zurücknehmen, verneinen und die Welt dem Menschen und ihren diffusen, diffizilen und differenzierten Wünschen überlassen. Denn: Wie viele Gebete sind Dankgebete, nur Dankgebete?

Den Grund-Satz der römischen Kirche, jenes Wort Jesu zu Petrus, auf diesem Fels wolle er seine Kirche bauen, spitzt ein Aphorismus Nietzsches zu, der einen petrifizierten Jünger zum Grund-Stein des Kirchengebäudes verlangt. Dieser eine von zwölfen – nicht Judas – muss „hart wie Stein" sein: eigentlich unmenschlich, liebensunfähig, empfindungslos. Der Aphorismus meint die Kirche Roms, ihre Ur-Begründung.

> Unter zwölf Aposteln muss immer einer hart wie Stein sein, damit auf ihm die neue Kirche gebaut werden kann.
>
> Nietzsche (KSA 2222, 587)

Inniges Diesseits wird sich an der Vergänglichkeit bewusst, schäumt geradezu an ihr auf. Der Tod treibt Feiern des Lebens hervor. Und doch, völlig gegensätzlich, ist das Letzte in Worten nicht zu fassen, die immer falsch sind und zu kurz greifen. Beide Optiken erfassen dasselbe.

> Die innigsten Feste werden am Rande des Niewieder gefeiert.
>
> Betram (DA 2010, 159)

> Die letzten Dinge
> Vertragen keine letzten Worte.
>
> Benyoëtz (Be 2007, 180)

Glaube und Wirklichkeiten

In dem Felde, das wir mit „Gott und Welt" umreißen, häufen sich die Aphorismen, weil es jedermanns Feld ist. Im Widerspiel in sich der einzelnen wie im Widerspiel mit- und untereinander setzen sie metaphysische Unruhe frei, die jedermann anrührt, weil sie jedermann angeht. Das scheint so umfassend, dass selbst Leugnung sich auf Gott beruft, ja ihm dankt.

> Ich bin Atheist, Gott sei Dank.
>
> Brie (DA 2010, 289)

In der Negation spiegelt sich Projektion. Der Mensch projiziert ins Göttliche.

> Gott schuf den Menschen nach seinem Bilde, sagt die Bibel, die Philosophen machen es gerade umgekehrt, sie schaffen Gott nach dem ihrigen.
>
> Lichtenberg (I 275)

Je mächtiger der Lichtkegel des erleuchtenden Scheinwerfers, um so undurchdringlicher das Dunkel rundum und dahinter.

> Je weiter unsere Erkenntnis Gottes dringt,
> desto weiter weicht Gott vor uns zurück.
>
> Ebner-Eschenbach (IX 41)

Dieses Dunkle, Undurchdringliche fordert, angesichts des immer irgendwo desolaten, insgesamt chaotischen Zustandes der Welt, die Frage nach Messiassen heraus, nach Heilern und Heilsbringern, zu denen sich der Veränderung wollende Idealist erhebt. Schienen Welt und Mensch heil, stellte sich der Ruf nach Erlösung nicht. Er wird und muss sich erheben, weil Mensch und Welt endlich sind. Erlöser haben ihre Gezeiten, scheitern und stehen auf. So spielen auch die religiösen, politischen, philosophischen, ökonomischen Flöten, denen alle in ein (irdisches) Paradies folgen sollen.

> Wer wird die Welt von den Erlösern erlösen?
>
> Laub (DA 2010, 251)

Niemand. Oder vielleicht die, die sie bestehen, sie wie sie ist: die Leidenden, Mühseligen und Verfolgten. Und gerade die können oder wollen andere nicht „erlösen". Vielleicht die, die dann noch „auf ihr Elend" (Hölderlin) zu treten vermögen und „höher stehen". Aber das gelingt allenfalls nur durch sie für sie allein.

Die Zerstörung der Möglichkeiten, zu glauben und zu erlösen, greift von innen zu, von einer missionarisch gezielten Selbsterhebung. Die Kritik an unzulänglichen Figuren als Glaubensboten reißt nicht ab.

> Kein echter Glaube ist zerstörbar, es sei denn durch seine Priester.
>
> Betram (DA 2010, 157)

> An der Verleugnung erkennst du den Jünger.
>
> Chargaff (DA 2010, 224)

> Es ist am Ende an der Religion das Beste, dass sie Ketzer hervorruft.
>
> Hebbel (DA ²1994, 126)

Immer wohl scheitert Idealität an der elenden Verwirklichung, scheitert an der Unzulänglichkeit des Menschen. Nagelprobe ist immer die Verwirklichung in der Realität. Je höher die Ideale entworfen, umso weiter werden sie verfehlt. Ent-Täuschungen kippen allzu leicht ins Gegenteil.

> Sobald eine Religion herrscht, hat sie alle die zu ihren Gegnern, welche ihre ersten Jünger gewesen wären.
>
> Nietzsche (KSA 2222, 119)

Religion vollzieht sich im Irdischen, im Glanz und Schmutz, im Hell und Dunkel der Erde, unter denen, die des Wortes bedürfen, nicht unter denen, die es zu haben meinen.

> In einem Saustall das Evangelium predigen, hat noch nie den Schweinen das Grunzen abgewöhnt.
>
> Kaiser (DA ²1994, 235)

Zweifel

Im Mittelalter galt Zweifel als Todsünde. Denn er unterminiert die Grundfesten des Glaubens, der geistlichen und auch der sakrosankten weltlichen Herrschaft, erschüttert die Gewissheit der Person wie die Sicherheit des Machtgefüges.

Zweifel schien Werkzeug des Teufels. Wissenschaft, die kritisch verfährt und vom Zweifel her ansetzt, wurde als teuflisch abgelehnt, ihre Ergebnisse lange Zeit nicht anerkannt. Wissenschaft könnte das grundlegende *cogito ergo sum* des Descartes auch als *dubito ergo sum* deklarieren, wie dies in Adornos Kritischer Theorie geschieht. Übrigens gehört zum Zweifeln immer einer, der zweifelt. Zweifel wäre dann eine Kategorie intellektueller Existenz, damit sogar der Selbstvergewisserung.

> Man verzweifelt nicht,
> solange man zweifeln kann.   Benyoëtz (WL 2009, 225)

Der Zweifel als intellektuelles Existenzphänomen übt im Raum des Glaubens eine dialektische Funktion. Er prüft Stichhaltigkeit und Standfestigkeit. Große Glaubende und Heilige sind durch die Fegefeuer des Zweifelns gegangen.

> Der Glaube
> hat immer seinen Zweifel,
> nicht immer seinen Gott.   Benyoëtz (Be 2007, 177)

Ohne dialektischen Bezug zum Glauben verselbstständigt sich der Zweifel, übt Kritik an allem und jedem, an seinem Träger und zerfrisst ihn zuletzt von innen. Der Aphorismus meint, dass Glaube und Zweifel sich auf Gott richten.

Eine anschauliche Variante liefert Karl Heinrich Waggerl mit der Bergmetapher.

> Der Glaube versetzt Berge, der Zweifel erklettert sie.
>   Waggerl (DA ²1994, 266)

Dem Glauben gebührt demnach das Fundamentale, das setzt und versetzt. Dem Zweifel käme der Aufstieg zu, die Spur, die Technik, die Anstrengung, die Übersteigung und Beherrschung: Also Mühe und Arbeit an den Bergen des Glaubens, indem er sie zugänglich und begehbar macht. Dem Zweifel als Bergbezwinger kommt auch der Triumph zu als Sieg der Intellektualität. Die Berge (des Glaubens) verschwinden dahinter, erstiegen und bezwungen spielen sie keine Rolle mehr als Widerstand und Aufgabe.

Skepsis wird zur Welthaltung, wenn Zweifel zum Zustand der Dauer geworden ist. Skepsis wäre vorsichtiger Generalzweifel, Grundhaltung vieler Intellektueller, die aus Reflektieren und Philosophieren und aus erforschten Details an ein Sinnvoll-Ganzes nicht glauben. Denn es geht letztlich um Glauben.

Die Skepsis ist der <u>Glaube</u> der schwankenden Geister.

Cioran (WL 2009, 195)

Die Skepsis, die nicht zur Zerrüttung unserer Gesundheit beiträgt, ist nur ein intellektuelles Exerzitium.

Cioran (WL 2009, 193)

Skepsis kann Gewohnheit werden, ein widerständiger Ort sein, in dem man sich quasi heimisch macht. Skepsis wäre dann intellektuelles Spiel haltloser Geister; total oder radikal geübt, müsste Skepsis geisteszerrüttend und selbstzerstörerisch sein. Allein Skepsis kann nicht total, radikal oder absolut sein, eben weil sie skeptisch ist.

Der Komplex der Schuld ist offensichtlich kein Aphorismenfeld. Schuld ist zu schwer, wurzelt zu tief, als dass sie sich so leicht bewegen ließe. Und selbst wenn sie rational geklärt wäre, ist sie dann aufgehoben? So wird sie gewöhnlich verdrängt, individuell und kollektiv: Denn wenn alle schuld sein sollen, ist keiner schuldig, fühlt sich keiner schuldig.

Schuld lässt sich verdrängen,
Sünde nicht.
Benyoëtz (Be 2007, 164)

Die Kategorie der Sünde ist metaphysisch gebunden. Sie umkreist gewissermaßen das Zentrum des Menschen und wird, für den Gläubigen, im Jüngsten Gericht beglichen. Vor Komplexen der Sünde schweigen Aphorismen. Es sei denn, die Ironie bemächtigt sich der kleinen menschlichen Sünden, die zu tun anreizen, was verboten ist.

Es ist schade, dass es keine Sünde ist, Wasser zu trinken, rief ein Italiener, wie gut würde es schmecken.
Lichtenberg (I 552)

Hölle

Wer von Hölle spricht, denkt dabei Paradies. Ohne Hölle kein Paradies. Und umgekehrt. Wenn Augustinus das Böse als Mangel des Guten kennzeichnet, befindet er sich in denselben Bedingtheiten. Wäre denn „Hölle" ein Synonym für negatives, „Paradies" für positives Nichts? Was ist durch derartige Zuordnungen gewonnen?
  Das Böse wäre der Feind, der bezwungen werden soll, der Feind eines jeden in ihm selbst, den man zur Selbstentlastung auf andere Menschen, Völker, Kulturen projiziert. Aphorismen lenken von außen zurück.

So viel Böses man in sich erobert und bezwingt, so gut ist man.
Benyoëtz (DA 2010, 207)

Vielleicht schlägt zuviel Paradies in Hölle um, kaum aber umgekehrt.
A. W. 6.12.2010

Das Gute ermisst sich an der Überwindung des Bösen, auch nach Qualität und Rang. Benyoëtz fordert „erobern und bezwingen", also Arbeit und Kampf mit sich selbst. Das Paradies entledigt sich jedes Kampfes und jeder Mühe, mehr als Ferienparadiese. Wie dem ersten Menschenpaar würde das untätige Hineingenommen-Sein so langweilig, dass Neugier, Erkenntnissucht, Sünde notwendig scheinen, sozusagen als Erlösungen vom Paradies.

> Die innere Wahl des Menschen wird immer für eine leidenschaftliche Hölle anstelle eines faden Paradieses ausfallen.
>
> Ceronetti (WL 2009, 212)

> Ohne Austreibung aus dem Paradies würde das Leben nicht erträglich sein.
>
> Emge (DA 2010, 162)

Gähnende Langweile lässt aus dem Paradies flüchten, und höllische Angst, Diesseits- und Jenseitsangst, flüchtet in paradiesische Idealitäten. Gott und das Paradies sind Hauptthema der Hölle, d. h. auf Erden, wenn man sie als Hölle erfährt und interpretiert.

> Es wird nirgendwo so subtil über Gott geredet wie in der Hölle.
>
> Schröder (DA 2010, 141)

Die aber diese Hölle Welt leidenschaftlich verbessern wollen, bedienen das Geschäft des Bösen, der die Schöpfung als misslungen ansieht. Weltverbesserung als Schöpfungskorrektur im Dienste des Bösen. Das Gute wollen und tun steht Kopf; gerade es schafft Hölle.

> Der Teufel liebt die Eiferer. Bertram (DA 2010, 154)

Schließlich verharrt das menschliche Dazwischen in der Ambivalenz, im Erinnern an das ursprünglich Gute und im Vorfühlen auf das zeitlich Böse.

> So viel Vorgeschmack auf die Hölle.
> So wenig Nachgeschmack vom Paradies.
>
> B. Strauß (WL 2009, 237)

Aphorismen vermögen auch abzuschwenken und abzulenken von jener zwanghaften Alternative des Paradieses und der Hölle. Das Böse muss nicht zwangsläufig aus der Natur der Welt hervorgehen – womit der Mensch seit je in die Verantwortung gerufen wird. Und schließlich verwirft Indifferenz die Fragestellung völlig, indem sie ein Jenseits leugnet und es im Diesseits sucht, die Probleme von Paradies und Hölle ausklammert, Gut und Böse als Leistungen oder Fehlleistungen dem Menschen aufrechnet.

> Wie ein Ziel nicht aufgestellt wird, damit man es verfehle, so wenig entsteht das Böse von Natur aus in der Welt.
>
> Epiktet (Ep 2008, 30)

Wir werden solange vom Jenseits nichts wissen, als wir es anderswo suchen als im Diesseits.   Moser (DA 2010, 158)

Worte danach

Aphorismen stehen je allein. Sie verdanken und verschulden sich keinem System. Sie vermögen von überallher nach überallhin zu wirken, indem sie einfallen, zusto-ßen, ins Rollen bringen. Weder Sprichwörter noch Weisheiten, unfixiert und nicht belehrend, öffnen sie dem, der sie einlässt, Räume um Räume. Aus keinerlei Syste-men und in keinerlei System, splittern und springen sie doch wie Mosaiksteinchen dahin, lassen sich sammeln und zu Mosaiken fügen, aber auch auflösen, umordnen und neu fügen. Im Aphorismen-Mosaik scheinen Weltbilder durch, Phänomene der Fälle, Zufälle und Einfälle, einzelgültig, doch überpersönlich und überzeitlich, span-nungs- und widerspruchsvoll. Diese „Bilder" wie jeder einzelne Aphorismus fordern zum Loten, Sondern, Denken und Tun auf, ihn einzulassen und weiterzudenken.

> Im Herzen jedes Aphorisma, so neu oder gar paradox es sich gebärden möge, schlägt ei-
> ne uralte Wahrheit.   Schnitzler (WL 2009, 131)

„Uralte Wahrheit" blitzt auf aus Zusammenhängen, in die Aphorismen zurück- oder vorleuchten. Aphorismen wären ohne sie nicht möglich, ohne dass sie diese anrüh-ren könnten und wollten.

> Aphorismen schreiben sollte nur einer, der große Zusammenhänge vor sich sieht.
>   Musil (DA 2010, 145)

Aphorismen weisen an Kreuzungen und Knotenpunkten auf Wege, ohne sie zu ge-hen, deuten in ferne Felder und weite Räume, in denen sich alles auf alles bezieht. Sie selbst treten zurück.

> Die Synthese sollten wir Gott überlassen.
>   Gómez Davila (WL 2009, 206)

Ich: Hoffentlich geht's Ihrer Frau schon besser.
Er: Ja, hoffentlich. –
  Sie ist in der vergangenen Woche gestorben.

Augsburg, 7.1.2011

Literaturverzeichnis

BENYOËTZ, Elasar: Der Mensch besteht von Fall zu Fall. Aphorismen (2002). Mit einem Nachwort von Friedemann Spicker. Stuttgart: Reclam 2009 (Be 2009, ...)

DEBON, Günther (Hrsg.): Chinesische Weisheit. Stuttgart: Reclam 2009 (Debon, ...)

EBNER-ESCHENBACH, Marie von: Aphorismen. Gesammelte Werke IX, 7-75. München: Nymphenburger VA 1960/61 (IX, ...)

EPIKTET: Handbüchlein der Moral. Aus dem Griechischen übersetzt von Kurt Steinmann. Stuttgart: Reclam 2008 (Ep. 2008, ...)

FIEGUTH, Gerhard (Hrsg.): Deutsche Aphorismen. Stuttgart: Reclam 1972, [2]1994 (DA [2]1994, ...)

FRENZEL, Elisabeth und Herbert (Hrsg.):
Feuerstriche. Ein immerwährender Kalender. München – Zürich: Artemis 1981 (Fre 1981, ...)
Federstriche. Ein immerwährender Kalender. München – Zürich: Artemis 1987 (Fre 1987, ...)

FRICKE, Harald: Aphorismus. Stuttgart: Sammlung Metzler 208, 1984

GRÖZINGER, Elvira (Hrsg.): Jüdische Weisheit. Gedanken, Sprüche, Geschichten. Stuttgart: Reclam 2010 (Gröz, ...)

LACKNER, Michael: Matteo Ricci und der Konfuzianismus. In: zur debatte 872010, 17 f.

LICHTENBERG, Georg Christoph:
Sudelbücher I ([3]1986) (I, ...)
Sudelbücher II ([3]1991) (II, ...)
Hrsg. Wolfgang Promies. München: Hanser 1968, [3]1986/91; dtv 2003

MARC AUREL: Selbstbetrachtungen. Neuverdeutscht und eingeleitet von Otto Kiefer. Jena: Diedrichs 1906 (Selbst. ...)

NEUMANN, Gerhard (hrsg.): Der Aphorismus. Zur Geschichte, zu Formen und Möglichkeiten einer literarischen Gattung. Darmstadt: Wiss. Buchgesellschaft (WdF 356) 1976

NIETZSCHE, Friedrich: Kritische Studienausgabe, hrsg. von Giorgio Colli und Mazzino Montinari. München: dtv (de Gruyter) [2]1988
KSA 2222 Menschliches. Allzumenschliches (KSA ...)
KSA 2228 Nachgelassene Fragmente (1875-1879) (KSA ...)
KSA 2233 Nachgelassene Fragmente (1987-1989) (KSA ...)

NOVALIS (Friedrich von Hardenberg): Schriften. Bd. II: Das philosophische Werk, hrsg. von Hans-Joachim Mähl. München: Hanser 1978, Dt. Buchges. 1999 (Nov II, ...)

OTT, Georg (Hrsg.): Carpe diem/Nutze den Tag. Lateinische Weisheiten, ausgewählt und übersetzt. München: dtv (9492) 2010

RANA, Dorothea (Hrsg.): Der Mensch ist eine kleine Welt. Antike Weisheiten. Stuttgart: Reclam 2006 (Rana, ...)

REHM, Walter: Der Todesgedanke in der deutschen Dichtung vom Mittelalter bis zur Romantik. Halle/Saale: Niemeyer 1922.

SCHIMMEL, Annemarie (Hrsg.): Weisheiten des Islam. Ausgewählt, übersetzt und herausgegeben von Annemaire Schimmel. Stuttgart: Reclam 1994, [2]2009 (Schimmel, ...)

SCHOPENHAUER, Arthur:
Senilia. Gedanken im Alter. hrsg. von Franco Volpi und Ernst Ziegler. München: Beck 2010 (Sen, ...)
Aphorismen zur Lebensweisheit (aus: Parerga und Paralipomena). Hamburg: Nikol 2010 (Aph., ...)

SENECA: Vom wahren Leben. Ausgewählte Schriften. Hrsg. von Gerhard Stenzel, übersetzt und eingeleitet von A. Th. Lang. Hamburg: Mohn o. J. (Sen ...)

SIEBURG, Friedrich (Hrsg.): Gespräche mit Napoleon. München: dtv (94) 1962

SIMM, Hans Joachim (Hrsg.):
Glückliche Einfälle. Lektüre zwischen den Jahren. Frankfurt/Main – Leipzig: Insel 2008 (Si 2008, …)
Lob der Weisheit. Lektüre zwischen den Jahren. Berlin. Insel 2010 (Si 2010, …)

SPICKER, Friedemann (Hrsg.):
Aphorismen der Weltliteratur. Stuttgart: Reclam 2009 (WL 2009,. …)
Es lebt der Mensch, solang er irrt. Deutsche Aphorismen. Stuttgart: Reclam 2010 (DA 2010, …)

WEBER, Albrecht:
Weltgeschichte. Stuttgart: Reclam (UB 10037-54) 1966. Neubearbeitete Ausgabe München – Zürich: Droemer-Knaur (2 Bände) 1980
Deutsche Literatur in ihrer Zeit. Literaturgeschichte im Überblick. I (750-1880) Freiburg im Br.: Herder 1978; II (1880 bis zur Gegenwart) ebd. 1979
Literatur und Erziehung. Lehrerbilder und Schulmodelle in kulturhistorischer Perspektive. I Zwischen Homer und Rousseau. II Zwischen Rousseau und Nietzsche. III Einem neuen Weltalter entgegen? Frankfurt/Main u.a.: Lang 1999
Lebensstoff und Lebenssinn. Geschichte eines Lebens. Hamburg: Kovač 2000
Goethes „Faust". Noch und wieder? Phänomene – Probleme – Perspektiven. Würzburg: Königshausen und Neumann 2005
Kleist. Brennlinien und Brennpunkte. Würzburg: Königshausen und Neumann 2008
Lyrik vernetzt. Texte – Themen – Thesen. Würzburg: Königshausen und Neumann 2010

Autoren

(Seitenzahlen weisen jeweilige Aphorismen nach)

158